NOTES PERSONNELLES DE MGR A. PRIGNON, RECTEUR DU PONTIFICIO COLLEGIO BELGA

INSTRUMENTA THEOLOGICA
XLII

NOTES PERSONNELLES DE MGR A. PRIGNON, RECTEUR DU PONTIFICIO COLLEGIO BELGA, SUR LES ÉVÉNEMENTS DE LA 2E SESSION ET DE LA 2E INTERSESSION DU CONCILE VATICAN II

Éditées par

Dries BOSSCHAERT et Leo DECLERCK

Préface de Mgr Jean-Pierre DELVILLE,
évêque de Liège

MAURITS SABBE LIBRARY
FACULTY OF THEOLOGY AND RELIGIOUS STUDIES

PEETERS
LEUVEN - PARIS - BRISTOL, CT
2020

A catalogue record for this book is available from the Library of Congress.

ISBN 978-90-429-4187-8
eISBN 978-90-429-4188-5

D/2020/0602/72

Préface

C'est une joie pour moi de préfacer la publication des notes de Mgr Albert Prignon sur la deuxième session du Concile Vatican II par Dries Bosschaert et Leo Declerck. Pour moi, cette publication est d'abord une découverte: elle me fait connaître sous un jour nouveau celui que j'ai connu dans son troisième âge. L'activité inlassable de Mgr Prignon durant le Concile et son dévouement sans borne pour mener à bonne fin la rénovation de l'Église sont remarquables. Ce journal nous apprend beaucoup sur les événements conciliaires et sur leurs acteurs. Grâce à cette publication et aux autres que Leo Declerck a réalisées, nous connaissons beaucoup mieux le Concile que les acteurs eux-mêmes, car ils n'avaient accès qu'à une petite partie des informations sur les événements qui se passaient en coulisse. Nous sommes donc privilégiés et nous évaluons mieux l'ampleur du travail accompli. Le texte du Concile nous est très utile aujourd'hui et le pontificat du pape François nous montre à l'envi qu'il reste de la matière à mettre en œuvre pour continuer l'application du concile, dans sa lettre et dans son esprit.

D'autre part, cette publication éveille mes souvenirs et me rappelle mes nombreuses rencontres avec Albert Prignon après 1980. Comme prêtre du diocèse de Liège et comme chanoine de la cathédrale de Liège, il a marqué de nombreux prêtres par son enseignement et ses conversations. Il était volontiers bavard quand on le lançait sur le sujet du concile et il nous le faisait revivre comme si nous y étions. Il rappelait les grands moments, il évoquait les personnages, il racontait les péripéties. Très convivial, Albert Prignon aimait dîner en compagnie des autres prêtres ou d'autres chrétiens engagés. Tous les mardis, il venait partager le repas d'une série de prêtres de la ville de Liège chez l'abbé Georges Collet. Sa présence fidèle était légendaire! En outre, il se plaisait à parler de Jean-Paul II, qu'il avait connu comme condisciple au Collège belge de Rome et qu'il est allé retrouver à Rome durant son pontificat. Il n'était pas toujours d'accord avec son ami Karol Wojtyła, mais il l'affectionnait beaucoup. Il nous le faisait comprendre et aimer.

Grâce à la présente publication de Dries Bosschaert et de Leo Declerck, Albert Prignon revit. Ce livre honore un homme, son diocèse et son pays. Il éclaire notre présent par la restitution du passé récent. Albert Prignon nous inspire par son témoignage et il nous encourage, par sa confiance inébranlable dans le Christ et dans son Église. Merci, Albert!

Jean-Pierre Delville
Évêque de Liège

Table des matières

Abréviations

A.S.	*Acta Synodalia*
A.A.S.	*Acta Apostolicae Sedis*
Carnets Charue	*Carnets conciliaires de l'évêque de Namur A.- M. Charue*, éd. L. DECLERCK – CL. SOETENS (Cahiers de la Revue théologique de Louvain, 32), Louvain-la-Neuve, 2000
Diario Felici	V. CARBONE (†), *Il «Diario» conciliare di Monsignor Pericle Felici*, a cura di A. MARCHETTO, Città del Vaticano, 2015
Diarium Tromp	*Konzilstagebuch Sebastian Tromp s.j. mit Erläuterungen und Akten aus der Arbeit der Theologischen Kommission. II. Vatikanisches Konzil*, Band 3/1, éd. A. VON TEUFFENBACH, Nordhausen, Verlag Traugott Bautz, 2014
F. De Smedt	A. GREILER – L. DE SAEGER, *Emiel-Jozef De Smedt, Papers Vatican II, Inventory* (Instrumenta Theologica, 22), Leuven, 1999
F. Heuschen	L. DECLERCK, *Inventaires des Papiers conciliaires de Monseigneur J.M. Heuschen, évêque auxiliaire de Liège, membre de la Commission doctrinale, et du Professeur V. Heylen* (Instrumenta Theologica, 28), Leuven, 2005
F. Philips	L. DECLERCK – W. VERSCHOOTEN, *Inventaire des Papiers conciliaires de Monseigneur Gérard Philips, secrétaire adjoint de la Commission doctrinale* (Instrumenta Theologica, 24), Leuven, 2001
F. Prignon	J. FAMERÉE, *Concile Vatican II et Église contemporaine. II. Inventaire des Fonds A. Prignon et H. Wagnon* (Cahiers de la Revue théologique de Louvain, 24), Louvain-la-Neuve, 1991
F. Suenens	L. DECLERCK – E. LOUCHEZ, *Inventaire des Papiers conciliaires du cardinal L.-J. Suenens* (Cahiers de la Revue théologique de Louvain, 31), Louvain-la-Neuve, 1998
Inventaire Charue	L. DECLERCK, *Inventaire des Papiers conciliaires de Mgr A.-M. Charue, Évêque de Namur, Deuxième Vice-Président de la Commission doctrinale* (Instrumenta Theologica, 40), Leuven – Paris – Bristol, CT, 2017
Mémoires Suenens	*L.-J. Cardinal Suenens. Mémoires sur le Concile Vatican II*, éd. W. VAN LAER (Instrumenta Theologica, 38), Leuven, 2014

Introduction

Mgr Prignon, comme recteur du Pontificio Collegio Belga, comme *peritus* conciliaire, comme conseiller ecclésiastique de l'Ambassade de Belgique auprès du Saint-Siège et surtout comme homme de confiance du cardinal Suenens[1] a disposé d'informations de première main sur le déroulement du concile.

On se rend compte que Prignon, surtout par ses relations privilégiées avec Suenens, était conscient de l'importance de ses informations pour l'histoire du concile.

D'abord il a gardé scrupuleusement tous les documents qu'il possédait à ce sujet. Et comme Suenens lui passait beaucoup de ses archives personnelles, le Fonds Prignon contient des pièces importantes provenant en partie des documents de Suenens[2], notamment concernant la rédaction des *5 Propositiones* [F. Prignon 459-474].

Puis, il a commencé à rédiger des notes manuscrites, parfois quotidiennes, à partir de la 2e session. Mais dès le mois de novembre 1963, ces notes deviennent sporadiques et de plus en plus illisibles.

Pour gagner du temps Prignon a alors aussi entrepris d'enregistrer par dictaphone ses souvenirs, souvent jour par jour. Mais il faut se rendre compte des circonstances de ces enregistrements: souvent le soir ou même la nuit après une journée fatigante, avec des interruptions par des coups de téléphones ou des visites … Ces enregistrements ont alors été dactylographiés, encore pendant la session, par son vice-recteur L. Declerck[3], qui n'a pas toujours su exactement comprendre la voix, parfois faible de son recteur. Il ne faut donc pas s'étonner que ces transcriptions dactylographiées n'ont pas la même précision que les notes manuscrites de Prignon.

1. Léon-Joseph Suenens (1904-1996), archevêque de Malines-Bruxelles de 1961 à 1979, cardinal en 1962, membre de la commission de coordination, un des quatre modérateurs du concile en septembre 1963.

2. Cf. F. Prignon, p. 5-7.

3. Leo Declerck (1938-), prêtre du diocèse de Bruges, vice-recteur du Pontificio Collegio Belga de 1963 à 1965.

Ses notes sur la 4e session ont déjà été éditées en 2003[4]. Les rapports sur le concile qu'il a rédigés pour P. Poswick, ambassadeur de Belgique auprès du Saint-Siège ont été publiés en 2005[5].

Mais aussi pour la 2e session, les archives de Prignon (F. Prignon[6] 512-516) contiennent plusieurs séries de notes prises par Prignon pratiquement au jour le jour:

- des notes ms. de Prignon, 27 p. entre le 23.9 et le 24.10.1963. La plus grande partie de ces notes ont été dactylographiées par L. Declerck en 1963 (30 p.) [= F. Prignon 512, Journal de la 2e session].
- la transcription dactylographiée par L. Declerck de 2 bandes magnétiques:
  - La suite des événements, 14-27.10.1963, 7 p. [F. Prignon 516].
  - Dimanche soir, 27.10-15.11.1963, 19 p. [F. Prignon 512].
- 19 pages de notes manuscrites – pratiquement illisibles – de Prignon, 4.11–1.12.1963 [F. Prignon 513].

Pour la 2e intersession, Prignon n'a pris que peu de notes personnelles: du 19 au 23.4.1964 (5+4+4+3 p.) [F. Prignon 823-826]. On dispose aussi de la transcription d'une bande magnétique envoyée comme lettre à Suenens le 27 juin 1964 (7 p.) [F. Prignon 828].

Ce sont ces textes qui font l'objet de la présente publication.

Et comme Annexes on a ajouté 5 textes (3 de Prignon, 2 de Philips) qui n'ont pas encore été publiés et sont intéressants pour comprendre les notes de Prignon. Il s'agit de:

- Note à propos de la structure du Schéma *De Ecclesia* à la suite de la réunion de la commission de la foi (Prignon).
- De Populo Dei (Caput II). Rationes propter quas Caput «De Populo Dei» immediate post Caput I «De Mysterio Ecclesiae» ponendum aestimatur (Philips).
- Argomenti per la prolungazione ragionevole del Concilio (Prignon).

4. L. Declerck – A. Haquin, *Mgr Albert Prignon, Recteur du Pontificio Collegio Belga, Journal conciliaire de la 4e session* (Cahiers de la Revue théologique de Louvain, 35), Louvain-la-Neuve, 2003, 280 p.

5. P. Poswick, *Un journal du Concile. Vatican II vu par un diplomate belge*, éd. R.-F. Poswick – Y. Juste, Paris, 2005. Voir p. 441-450, 461-470, 477-492, 512-534, 552-556, 575-579, 581-586, 587-592, 596-608, 643-657.

6. Un premier classement de ces documents a été fait par L. Declerck encore pendant le concile. Prignon a fait rentrer ces documents en Belgique et les a légués à la Faculté de Théologie de l'Université catholique à Louvain-la-Neuve (Archives de l'Université catholique de Louvain, 1348 Louvain-la-Neuve). Un inventaire détaillé a été édité par J. Famerée (F. Prignon).

– De vocatione ad sanctitatem in Ecclesia (et in specie de illis qui consilia evangelica profitentur) Caput V (Philips).
– Note sur l'«Aggiornamento» de la Curie romaine (Prignon).

Après une notice biographique, nous esquissons brièvement le rôle que Mgr Prignon a joué au concile et donnons aussi quelques informations sur la 2e session et la 2e intersession, pour mieux situer les notes de Prignon. Suivent alors quelques précisions techniques concernant l'édition.

1. Notice biographique[7]

Albert Prignon est né le 28 juin 1919 à Liège, du mariage de Louis Prignon (1881-1953), avocat près la Cour d'appel de Liège, et Jeanne Romain (1881-1924)[8]. Après une licence en philosophie (*summa cum laude*, 3 juillet 1939) à Rome à l'Université grégorienne (1936-1938) il entame des études de théologie à la même université, interrompues le 14 mai 1940 à cause de l'état de guerre entre l'Italie et la Belgique. À son retour en Belgique, il poursuit quelque temps ses études de théologie au Grand Séminaire de Liège (1940-1941). Il peut ensuite achever sa licence de théologie au scolasticat des jésuites à Egenhoven (*cum laude*, le 17 octobre 1941). Il suit aussi quelques cours à la Faculté théologique de l'Université de Louvain, notamment de Draguet[9], Cerfaux[10] et Lebon[11]. Il est ordonné prêtre le

7. Voir J. GROOTAERS, *De plain-pied au concile. Albert Prignon, acteur et témoin à Vatican II*, dans *Revue théologique de Louvain* 33 (2002) 371-397; Cl. TROISFONTAINES, *Le rôle d'Albert Prignon durant le Concile Vatican II*, dans DECLERCK – HAQUIN, *Mgr Albert Prignon, Recteur du Pontificio Collegio Belga*, p. 7-22; et J. ICKX, *De alumni van het Belgisch Pauselijk College te Rome 1844-1994. Les anciens étudiants du Collège Pontifical Belge à Rome, 1844-1994*, Rome, 1994, p. 508-509. Nous remercions aussi M. Christian Dury, archiviste du diocèse de Liège pour les informations qu'il nous a fournies.

8. Ils ont eu sept enfants: Marie-Louise (1910-1913), Madeleine (1912-1994), Jean (1914-1980), Georges (1917-1986), Albert (1919-2000), Louis (1920-2008) et Marie (1922-1970).

9. René Draguet (1896-1980), prêtre du diocèse de Tournai, professeur de théologie dogmatique à l'Université catholique de Louvain de 1927 à 1942 (sa charge à la faculté de théologie lui fut retirée par le Saint Office mais il restait professeur à la Faculté de Philosophie et Lettres; il a été réhabilité en 1965). Cf. W. DE PRIL, *Theological Renewal and the Resurgence of Integrism: The René Draguet Case (1942) in Its Context* (Bibliotheca Ephemeridum Theologicarum Lovaniensium, 266), Leuven, 2016.

10. Lucien Cerfaux (1883-1968), prêtre du diocèse de Tournai, professeur d'exégèse à l'Université catholique de Louvain de 1928 à 1953, *peritus* conciliaire.

11. Joseph Lebon (1871-1957), prêtre du diocèse de Namur, professeur de théologie à l'Université catholique de Louvain de 1909 à 1949.

22 novembre 1942. Il avait l'intention de faire une thèse de doctorat sur «La liberté des enfants de Dieu chez saint Paul», sous l'égide du Père Levie[12] s.j. et du professeur Cerfaux. Mais une nomination en 1945 au Collège de Waremme comme professeur de cinquième latine l'empêche de faire progresser ses travaux universitaires. La réouverture du Collège belge après la guerre, en 1946, lui donne l'occasion de suivre une année de théologie à la Grégorienne et une année de sciences bibliques au Biblicum (où il a obtenu *cum laude* la licence en sciences bibliques, le 7 novembre 1947) avec l'intention d'y achever un doctorat, qu'il n'a pas terminé. C'est pendant ces années qu'il a connu comme étudiant au Collège belge le prêtre polonais Karol Wojtyła[13]. En 1948 il est nommé titulaire de Poésie au Petit Séminaire de Saint-Trond[14]. En 1950, Mgr Kerkhofs[15] – qui après la première guerre israélo-arabe avait apporté de l'aide aux réfugiés palestiniens au Liban et au diocèse melkite catholique de Galilée – demande à Prignon de devenir professeur au Séminaire de l'Église melkite (compétent pour la Syrie, le Liban et la Palestine) au Monastère des Paulistes à Harissa au Liban. Ce séjour au Liban fut pour lui aussi une découverte de l'œcuménisme, de la spiritualité et de la théologie des Églises d'Orient. En 1952, Prignon est rappelé dans son diocèse et chargé d'enseigner la philosophie au Séminaire de philosophie de Saint-Trond avant d'être nommé, en 1957, professeur de dogmatique au Grand Séminaire de Liège. En août 1962, Prignon est nommé par les évêques de Belgique recteur du Pontificio Collegio Belga à Rome[16], où il succède à Mgr J. Devroede[17]. Malgré le fait qu'il

12. Jean Levie (1885-1966), jésuite belge, professeur d'exégèse de 1921 à 1961, directeur de la *Nouvelle Revue Théologique* de 1926 à 1951.

13. Karol Wojtyła (1920-2005), étudiant au Collège belge de 1946 à 1948, archevêque de Cracovie en 1963, cardinal en 1967, souverain pontife en 1978.

14. En 1951, Prignon a assisté aux Journées d'études œcuméniques de Chevetogne (cf. F. COLLEYE, *Charles Moeller et l'Arbre de la Croix*, Paris, 2007, p. 135-136 et Archives de Chevetogne – Avec nos remerciements à Saretta Marotta).

15. Louis Joseph Kerkhofs (1878-1962), évêque de Liège de 1925 à 1961. Il avait été nommé «citoyen d'honneur» de Nazareth.

16. Le 28.8.1962, Suenens écrit à Devroede: «la nomination est faite i*n petto* par les Évêques: l'abbé Prignon. Mais la lettre demandant le *placet* à Rome vient seulement de partir». Et il ajoute: «Tout le monde est enchanté de votre nomination [vice-recteur de la section francophone de l'Université catholique de Louvain] qui vous donne un champ d'action infiniment plus vaste. Je suis sûr que vous allez y réussir» (Suenens, Archives personnelles, Archevêché de Malines-Bruxelles).

17. Lors de l'élévation de Suenens au cardinalat en mars 1962, il y a eu plusieurs incidents entre Suenens et Devroede, pour des questions d'ordre pratique, Devroede n'étant pas plus habile que Suenens. De plus, Suenens avait été alerté par Antoine Levet, un dirigeant de la Légion de Marie en France que Suenens avait invité et fait loger au Collège belge, qui était d'avis que l'esprit parmi les étudiants était assez frondeur et qu'ils

n'était pas parfaitement bilingue, Prignon a été choisi parce qu'il semble que le cardinal Suenens ait surtout voulu nommer un théologien, qui pourrait l'assister pendant le concile. Le 6 décembre 1962[18], il devient prélat domestique de Sa Sainteté. Il est nommé conseiller ecclésiastique adjoint de l'ambassade de Belgique auprès du Saint-Siège en avril 1964[19] (jusqu'en 1972). En 1972, Prignon est nommé secrétaire de la commission doctrinale de la Conférence des Évêques de Belgique, fonction qu'il exerce jusqu'en 1996[20]. Il devient chanoine titulaire de Liège en 1977 et doyen du chapitre de 1991 jusqu'en 1992. Il est décédé à Liège, le 5 décembre 2000.

2. Le rôle de Mgr Prignon au Concile Vatican II[21]

Le rôle de Prignon à Vatican II a été discret mais non sans importance. En effet, outre sa fonction principale de recteur du Collège belge, il a été nommé *peritus* conciliaire en mars 1963 et conseiller ecclésiastique de l'Ambassade de Belgique auprès du Saint-Siège en 1964. Le fait qu'il a combiné pendant ce concile plusieurs fonctions lui a permis d'être présent au cœur des activités et des manœuvres de ce concile et avec raison il a été décrit comme le pivot de la *squadra belga*, qui a exercé une influence considérable sur la rédaction de *Lumen Gentium*, *Dei Verbum* et *Gaudium et Spes*.

critiquaient trop ouvertement certains professeurs de la Grégorienne et des cardinaux de la curie. Bref, ils manquaient de l'esprit de la vraie «romanità». C'est alors que Devroede, prêtre du diocèse de Malines-Bruxelles, a été nommé, en juillet 1962, vice-recteur de la section francophone de l'Université catholique de Louvain. Sur Devroede, cf. *«Monsignore ... ma non troppo». Hommage à Monseigneur Joseph Devroede. Hulde aan Monseigneur Joseph Devroede (1915-1989)*, Leuven, 1991.

18. Lettre de L. Declerck à ses parents, 12.12.1962 (Archives Declerck, Bruges).

19. Lettre de Cl. Troisfontaines à ses parents, 30.4.1964 (Archives Troisfontaines, Louvain-la-Neuve).

20. Prignon a rédigé plusieurs documents pour la conférence épiscopale belge, notamment sur la franc-maçonnerie (1972), sur l'avortement et la contraception (1973, 1978 et 1980), sur la sanctification du dimanche (1975), sur l'objection de conscience (1978), sur la réforme du droit canon (1975-1980), sur le ministère (1980), sur les «Chrétiens et la crise» (1980-1981), sur l'hospitalité eucharistique (1981), sur le désarmement (1983), sur le Notre Père (1984), sur la place de la femme dans l'Église et la société (1985), sur l'euthanasie (1992) [avec nos remerciements à Mme L. Truyen, du Secrétariat de la Conférence épiscopale belge].

21. Un ample aperçu de ce rôle sera publié par D. BOSSCHAERT – L. DECLERCK – Cl. TROISFONTAINES, *Mgr Albert Prignon, recteur du Pontificio Collegio Belga à Rome et le Concile Vatican II*, dans D. BOSSCHAERT – J. LEEMANS (éd.), *Res Opportunae Nostrae Aetatis. Studies on Vatican II Offered to Prof. M. Lamberigts* (BETL), Leuven, à paraître.

Le rôle de Prignon a été rendu possible surtout par le cardinal Suenens. Dès la 1ère session, Suenens s'est révélé un orateur brillant et polyglotte, un tacticien habile et un homme courageux et tenace. Le fait que tout le monde à Rome savait que Prignon était l'homme de confiance de Suenens le rendait incontournable. Qui voulait obtenir un résultat savait qu'en beaucoup de cas, il devait passer par Suenens, modérateur influent et efficace, et donc par Prignon.

Mais d'un autre côté, c'est aussi Prignon qui a permis à Suenens de jouer ce rôle au concile, parce que Prignon, excellent théologien et bon exégète et œcuméniste, a réussi à convertir Suenens à ce que Dom Lambert Beauduin[22] a jadis appelé «nos idées». On ne peut pas oublier qu'avant le concile Suenens n'avait guère systématiquement étudié la «nouvelle théologie», que sa mariologie était maximaliste et qu'il était plutôt mal vu des milieux œcuméniques[23].

Le grand mérite de Prignon a été de gagner, par sa grande serviabilité, sa modération et sa compétence la confiance de Suenens, qui a tout de suite vu le profit qu'il en pouvait tirer.

Le rôle de Prignon ne s'est pas limité à être le conseiller de Suenens mais il a aussi gagné la confiance d'autres évêques et théologiens belges. Il a été l'âme de plusieurs réseaux: évêques et théologiens belges, *periti* de la commission doctrinale, relais internationaux avec surtout Medina[24], Martimort[25], Etchegaray[26], Bonet[27].

Prignon était moins un spécialiste qu'un généraliste. Par son intelligence, sa modération, sa serviabilité il a contribué largement à la collaboration de plusieurs acteurs du concile, qui parfois – même au sein de la *squadra belga* – avaient des points de vue différents[28].

22. Lambert Beauduin (1873-1960), bénédictin belge, œcuméniste, fondateur des Moines de l'Union à Amay-Chevetogne.

23. Par exemple aussi bien de Lubac que Lambert Beauduin étaient avant le concile fort critiques pour Suenens et ses publications.

24. Jorge Medina Estevez (1926-), prêtre du diocèse de Santiago de Chili, *peritus* conciliaire, cardinal et préfet de la Congrégation pour le culte divin et la discipline des sacrements de 1998 à 2002.

25. Aimé-Georges Martimort (1911-2000), prêtre français, professeur de liturgie à l'Institut catholique de Toulouse de 1938 à 1981, *peritus* conciliaire.

26. Roger Etchegaray (1922-2019), directeur du secrétariat pastoral de l'épiscopat français, *peritus* conciliaire, évêque auxiliaire de Paris en 1969, archevêque de Marseille en 1970, président de la Commission pontificale Justice et Paix en 1984, cardinal en 1979.

27. Manuel Bonet i Muixi (1913-1969), prêtre catalan du diocèse de Barcelone, auditeur à la Rote en 1950, *peritus* conciliaire.

28. Pour mémoire, on peut citer ici les divergences de vue entre Suenens et plusieurs évêques et théologiens belges comme De Smedt, Charue, Himmer et Philips. Ou encore les

3. La 2e session et la 2e intersession du concile

Il est certain que pendant la 2e session le cardinal Suenens a vécu l'apex de son influence sur le concile. Jean XXIII[29] l'avait nommé comme un des 7 membres de la commission de coordination, où il était responsable de schémas importants: *De Ecclesia*, *De Beata*, et *De ordine morali*, *De ordine sociali*[30]. Dans la réunion du 4 juillet 1963, il avait proposé – sur suggestion de Prignon – que le chapitre *De Populo Dei* précède celui sur la hiérarchie et pour le *De praesentia efficaci Ecclesiae in mundo hodierno* il avait été chargé de rédiger une Introduction doctrinale[31]. N'oublions pas que le nouveau Pape Paul VI[32] avait – lors de l'Angelus à la place Saint-Pierre, le 23 juin 1963 – présenté Suenens à la foule[33] et surtout qu'il avait été nommé comme un des 4 modérateurs du concile en septembre 1963.

Malgré le fait que le statut ni les pouvoirs des modérateurs n'avaient jamais été clairement définis, Suenens a commencé la 2e session en croyant que les modérateurs avaient reçu mission de diriger le concile ayant autorité sur le conseil de présidence, sur le secrétaire général et sur la commission de coordination. Le déroulement du premier mois de cette session – avec la bataille autour des *5 Propositiones* et les problèmes de l'insertion d'un chapitre *De Populo Dei* avant la hiérarchie – a désenchanté Suenens et la 3e et 4e session ont montré que le pouvoir réel des modérateurs s'est progressivement amenuisé et ceci en faveur du pouvoir du secrétaire général Felici[34] et du secrétaire d'État Cicognani[35].

Les notes presque quotidiennes écrites et parlées de Prignon sur les événements de cette 2e session nous révèlent donc des éléments importants de l'histoire de cette session, où ont lieu les débats fondamentaux sur le *De Ecclesia*, le *De Episcopis* et le *De Oecumenismo*.

tensions entre Philips et J. Dupont o.s.b. Et les sensibilités à fleur de peau de Moeller et de Delhaye.

29. Jean XXIII Angelo Giuseppe Roncalli (1881-1963), patriarche de Venise et cardinal en 1953, souverain pontife en 1958.

30. Cf. *A.S.*, V, I, p. 42.

31. Pour ce texte *Adumbratio Schematis XVII. De activa praesentia Ecclesiae in mundo hodierno*, cf. F. Philips 878.

32. Paul VI, Giovanni Battista Montini (1897-1978), archevêque de Milan en 1954, souverain pontife en 1963.

33. Beaucoup ont interprété ce geste extraordinaire comme un signe de la faveur personnelle du pape pour Suenens.

34. Déjà en octobre 1963 Felici avait obtenu l'éviction de Dossetti comme secrétaire des modérateurs. Cf. *Diario Felici*, p. 356.

35. Amleto Cicognani (1883-1973), cardinal en 1958, secrétaire d'État de 1961 à 1969, président de la commission de coordination.

La 2e intersession a connu dans les réunions de la commission de coordination les discussions sur la collégialité (en avril 1964), le problème de la durée du concile (3 ou 4 sessions avec la réduction éventuellement drastique des schémas) et les difficultés de rédiger un texte valable pour le schéma XIII. Suenens ne semble pas été impliqué dans l'intervention du pape concernant la collégialité quand Felici avait envoyé 13 *Suggerimenti* à la commission doctrinale. Mais Prignon tient Suenens informé de façon détaillée. Dans son audience du 18 avril 1964, le cardinal a discuté avec le pape au sujet de la morale conjugale et il a trouvé le pape plus accessible. Lors de son voyage en mai 1964, aux États-Unis, dans une conférence de presse le cardinal a évoque la possibilité d'un élargissement[36]. Ce qui a provoqué une réaction dure d'Ottaviani[37].

4. Quelques précisions techniques

- Quand Prignon ou Declerck se sont trompés dans l'écriture des noms propres on a ajouté entre [ ] le nom exact.
- Des erreurs de dactylographie ou de français ont été corrigées directement dans le texte.
- Quand le texte est incomplet ou peu compréhensible, on l'a toujours signalé
- Les textes entre ( ) se trouvent dans le texte original.
- Souvent on a aussi ajouté entre [ ] des détails pour rendre le texte plus intelligible: le nom d'une personne, une date …
- Les notices biographiques pour les personnes mentionnées dans le texte sont assez sommaires, puisque pour la plupart d'entre elles on peut se référer à M. Quisinsky – P. Walter (éd.), *Personenlexikon zum Zweiten Vatikanischen Konzil*, Freiburg-Basel-Wien, 2012.
- Les notes en bas de la page se réfèrent à des documents ou à des faits qui rendent le texte plus intelligible.

* * *

36. Cf. M. Lamberigts – L. Declerck, *The Role of Cardinal Léon-Joseph Suenens at Vatican II*, in D. Donnelly – J. Famerée – M. Lamberigts – K. Schelkens (éd.), *The Belgian Contribution to the Second Vatican Council* (Bibliotheca Ephemeridum Theologicarum Lovaniensium, 216), Leuven – Paris – Dudley, MA, 2008, p. 61-217, surtout p. 167-169 et L. Declerck, *Le cardinal Suenens et la question du contrôle des naissances au Concile Vatican II*, in *Revue théologique de Louvain* 41 (2010) 499-518 (surtout p. 505-506).

37. Alfredo Ottaviani (1890-1979), secrétaire du Saint-Office en 1953, cardinal en 1960, président de la commission doctrinale.

Nous tenons à remercier d'abord Mgr J.-P. Delville évêque de Liège qui a bien voulu écrire la Préface de cette publication et les Professeurs M. Lamberigts et A. Haquin, le chan. A. Beauduin MM. L. Figoureux et P. Doria pour leur aide à l'édition et à la correction de ce volume.

Notes manuscrites entre le 23 septembre et le 24 octobre 1963

[Le Fonds Prignon 512 contient 27 pages ms. de Prignon, qui ont été dactylographiées à l'époque par L. Declerck. Le texte qui suit est basé et sur la version manuscrite et sur la version dactylographiée.]

Lundi 23 septembre 1963

Réunion de la Commission *De Apostolatu laicorum.*
Président: Card. Cento[1]. Présents: Ferrari Toniolo[2], Pavan[3], Géraud[4] et 5 autres.
Objet: examen des *Observationes et emendationes a Patribus propositae.* Voir texte avec notes *ibi collatae*[5].
Impression générale: impossible de faire du travail sérieux avant l'examen du *De Ecclesia.* Discussion de fond sur la définition du laïcat et de l'apostolat des laïcs.

Mardi 24 septembre 1963

Rencontre avec Thils[6]: proposition de faire donner aux patriarches orientaux un siège spécial et distinct en tout cas des autres archevêques et évêques.
Bruits de réaction d'opposition de la curie au discours du pape (21.9)[7].

1. Ferdinando Cento (1883-1973), ancien nonce en Belgique, cardinal en 1958, président de la commission pour l'apostolat des laïcs.
2. Agostino Ferrari Toniolo (1917-2004), prêtre du diocèse de Venise, professeur à l'Université du Latran, *peritus* conciliaire, évêque auxiliaire de Pérouse en 1967, de 1969 à 1992, au service de la curie romaine.
3. Pietro Pavan (1903-1994), professeur à l'Université du Latran en 1948, *peritus* conciliaire, cardinal en 1985.
4. Joseph Géraud (1904-1987), sulpicien français, ancien médecin, *peritus* conciliaire.
5. Cf. F. Prignon 160.
6. Gustave Thils (1909-2000), prêtre du diocèse de Malines, professeur à la Faculté de Théologie de l'Université catholique de Louvain de 1947 à 1976, membre du Secrétariat pour l'Unité, *peritus* conciliaire.
7. Discours du pape à la curie romaine du 21.9.1963.

Mercredi 25 septembre 1963

Arrivée du cardinal [Suenens].
À 15h.45: arrivée du cardinal Lercaro[8] pour préparer action commune.
Commission de coordination (17h.30): question du schéma *De Missionibus* et divers.
Card. Agagianian[9] défend le schéma; d'autres plaident pour refonte fondamentale: on n'a pas tenu compte suffisamment des observations de la commission de coordination.
Après, audience des 4 modérateurs chez le Saint-Père: discussion de fond sur le rôle de ces modérateurs. Équivoque avec présidence du concile. Le pape demande au card. Suenens de faire rapport et propositions. Le règlement publié ne correspond pas aux vues du Saint-Père. Felici[10] sera appelé demain. Je suis chargé de faire venir Dossetti[11] (dont je trouve le projet – sur les pouvoirs des modérateurs – exagéré, imprudent et très dangereux en cas d'autres titulaires du poste) et de préparer un avant-projet à soumettre au Saint-Père[12].
J'ai demandé au cardinal d'intervenir pour la place spéciale aux patriarches; accordé en principe. Ai demandé aussi de faire nommer Mgr Philips[13] comme rapporteur pour le schéma *De Ecclesia*. Réponse: le card. Browne[14] sera rapporteur à l'assemblée générale. Mais à la commission? Problème

8. Giacomo Lercaro (1891-1976), archevêque de Bologne de 1952 à 1968, cardinal en 1953, un des 4 modérateurs du concile.

9. Grigor Agagianian (1895-1971), cardinal en 1946, préfet de la Congrégation *De Propaganda Fide*, un des 4 modérateurs du concile, président de la commission *De Missionibus*.

10. Pericle Felici (1911-1982), secrétaire général du concile, cardinal en 1967. Pour son activité durant le concile, cf. *Diario Felici.*

11. Giuseppe Dossetti (1913-1996), vice-secrétaire de la *Democrazia cristiana* après la guerre, puis prêtre du diocèse de Bologne, homme de confiance du cardinal Lercaro, *peritus* conciliaire.

12. Pour le statut des modérateurs, cf. F. Suenens 792-800 et *Mémoires Suenens*, p. 35-36. Finalement le statut des modérateurs ne sera jamais clairement défini, mais les compétences des modérateurs seront plus réduites que ne l'avaient souhaité Suenens, Lercaro et Dossetti. Voir aussi A. MELLONI, *L'inizio del secondo periodo e il grande dibattito ecclesiologico*, dans G. ALBERIGO (éd.), *Storia del concilio Vaticano II*, vol. 3, Bologna, 1998, p. 25sv.

13. Gérard Philips (1899-1972), prêtre du diocèse de Liège et, à partir de 1967, du diocèse de Hasselt, professeur de théologie dogmatique à l'Université catholique de Louvain de 1942 à 1969, sénateur coopté du royaume de Belgique de 1953 à 1968, *peritus* conciliaire, secrétaire adjoint de la commission doctrinale à partir du 2 décembre 1963.

14. Michael Browne (1887-1971), dominicain irlandais, maître général de son ordre de 1955 à 1962, cardinal en 1962, vice-président de la commission doctrinale.

à reposer. Lercaro-Suenens entièrement d'accord. Döpfner[15]: accord quant au fond, différence dans la tactique, surtout vis-à-vis de la curie. Discussion Suenens-Agagianian sur le travail accompli par la commission de coordination. Agagianian trouve qu'elle a magnifiquement travaillé. Suenens répond: quantitativement: oui (surtout en réduisant les schémas); qualitativement: très douteux et varie suivant schémas et rapporteurs: Ex. schéma sur les séminaires, qui est entièrement vide, schéma sur les missions. Card. Cicognani semble perdre les pédales.

Jeudi 26 septembre 1963

Card. Döpfner dîne au collège avec Dossetti.
Arrivée de Mgr Calewaert[16], après-midi.
Visite du card. Döpfner, Mgr Willebrands[17], card. Browne. Browne sera rapporteur sur le *De Ecclesia* et annonce son intention de défendre la conception romaniste de la collégialité. Il ne veut entendre le collège qu'au sens large parce collège de soi indique la parité des membres.
Réunion, le soir, des présidents, des modérateurs et des membres de la commission de coordination, où le secrétaire d'État leur expose leurs pouvoirs[18]. Pratiquement les présidents deviennent une sorte de conseil constitutionnel veillant à l'application du règlement. Les modérateurs reçoivent les vrais pouvoirs concernant la matière du concile également et dirigent les assemblées. Le pape reprend les expressions du cardinal Suenens, employées la veille lors de l'audience et confirme le rôle capital des modérateurs[19]. Les présidents devront cependant veiller à ce que ceux-ci respectent les règlements. Le card. Tisserant[20] reconnaît que les présidents n'auront plus que la prière à dire. Card. Ruffini[21]: alors nous n'avons plus

15. Julius Döpfner (1915-1976), évêque de Berlin en 1957, cardinal en 1958, archevêque de Munich en 1961, membre de la commission de coordination, un des 4 modérateurs du concile.

16. Karel Justinus Calewaert (1893-1963), évêque de Gand de 1948 à 1963, membre de la commission liturgique.

17. Johannes Willebrands (1909-2006), secrétaire du Secrétariat pour l'Unité des Chrétiens en 1960, *peritus* conciliaire, évêque titulaire en 1964, cardinal en 1969.

18. Pour le *Processus verbalis*, cf. *A.S.*, V, I, p. 691-694.

19. Bientôt Suenens devra constater qu'il avait compris les compétences des modérateurs dans un sens trop large.

20. Eugène Tisserant (1884-1972), prêtre français, cardinal en 1936, président du conseil de présidence du concile.

21. Ernesto Ruffini (1888-1967), archevêque de Palerme en 1945, cardinal en 1946, membre du conseil de présidence.

rien à dire. Card. Frings[22]: nous sommes à la retraite. Il semble que les cardinaux français sont un peu dépités de n'avoir personne parmi les quatre [modérateurs].

Vendredi 27 septembre 1963

(Arrivée de Mgr Daem[23], De Smedt[24], van Zuylen[25], Heuschen[26])

Le matin: réunion des 4 modérateurs. Ils se choisissent Dossetti comme secrétaire. Ils présideront à tour de rôle et non par schéma pour éviter qu'Agagianian ne puisse avoir trop d'influence au sens contraire pendant une longue période. Ils se verront tous les jours et se réuniront dans la bibliothèque de la secrétairerie d'État. Ils ont convoqué le card. Browne pour discuter avec lui de la présentation du schéma *De Ecclesia*. Celui-ci n'avait présenté que les deux premiers chapitres. Puisque le règlement postule qu'un schéma entier doit être présenté, on lui demande de refaire son rapport pour présenter tout le schéma. Il semble que les religieux feront objection au nouveau chap. IV[27]. Le card. Suenens est très content de la réunion commune.
Le soir à 20h.: visite de S. E. Mgr Philippe[28], secrétaire [de la Congrégation] des religieux. Il plaide pour la division du chap. IV *De Ecclesia* en deux. Le *De Sanctitate christiana* serait renvoyé au nouveau chap. II *De Populo Dei.*
Le card. Suenens a rédigé son discours pour la commémoraison de Jean XXIII.

22. Josef Frings (1887-1978), archevêque de Cologne en 1942, cardinal en 1946, membre du conseil de présidence.

23. Jules Victor Daem (1902-1993), évêque d'Anvers de 1962 à 1977, membre de la *Commissio De Seminariis, de Studiis et de Educatione catholica.*

24. Emiel Jozef De Smedt (1909-1995), évêque de Bruges de 1952 à 1984, membre du Secrétariat pour l'Unité des Chrétiens, rapporteur du schéma sur la Liberté religieuse.

25. Guillaume-Marie van Zuylen (1910-2004), évêque de Liège de 1961 à 1986, membre de la commission *De Disciplina cleri et populi christiani* et du *Consilium ad exsequendam Constitutionem de Sacra Liturgia.*

26. Jozef Heuschen (1915-2002), évêque auxiliaire de Liège en 1962, premier évêque de Hasselt de 1967 à 1989, membre de la commission doctrinale.

27. Le chap. IV *De vocatione ad sanctitatem in Ecclesia* comprenait aussi le texte sur les religieux. Les religieux ont finalement obtenu dans la 3e session un chapitre VI *De Religiosis* distinct.

28. Paul Philippe (1905-1984), dominicain français, secrétaire de la Congrégation pour les religieux, membre de la commission *De Religiosis*, cardinal en 1973.

Conversation avec le card. Suenens sur la procédure à suivre par le *De Ecclesia* vu la proposition d'un 5e chapitre[29], et les discussions à la commission sur recevabilité d'un projet élaboré sur le chap. IV élargi [sic] par la seule commission théologique.

Samedi 28 septembre 1963

(Arrivée de Mgr De Keyzer[30], Mgr Himmer[31])
À propos du card. Browne, le card. Suenens me confirme que celui-ci tout en acceptant la lettre du pape sur la réforme de la curie et l'intention manifestée par le Saint-Père de consulter régulièrement les évêques de dehors, dit: valable «ad prudentiam», non «ut expressio concreta collegialitatis ex iure divino».
Conversation téléphonique de Mgr Charue[32] avec Mgr Huyghe[33], évêque d'Arras: 7 évêques de la commission des religieux accepteraient le chap. IV (*De Ecclesia*) tel qu'il est. Mais alors comment expliquer la conversation de Mgr Philippe avec le card. Suenens. À suivre de près.
Réunion des 3 (Suenens, Döpfner, Lercaro) pour mettre au point leur tactique. Il y aura une lettre du pape à l'assemblée pour expliquer les pouvoirs des modérateurs et précisant (et amplifiant) leur rôle sur la matière du concile[34].
Le card. Suenens explique aux évêques belges à table les mesures envisagées et l'ordre du jour de la première réunion. (Ils [les 3 modérateurs] s'appellent les 3 synoptiques – Lercaro, Suenens, Döpfner – en raison de leur entente). Il semble que le schéma *De Ecclesia* sera en général bien accueilli. On discute ensemble de certaines modalités du règlement.
Le card. Suenens me confirme que le Saint-Père n'avait pas lu le règlement qu'on lui avait fait signer. Le rôle qui y est attribué aux modérateurs n'est

29. À cause de l'introduction d'un nouveau chapitre *De Populo Dei*.
30. Maurits De Keyzer (1906-1994), évêque auxiliaire de Bruges de 1962 à 1984.
31. Charles-Marie Himmer (1902-1994), évêque de Tournai de 1948 à 1977, pendant le concile un des responsables du groupe «Jésus, l'Église et les pauvres», membre de la commission *De Episcopis et Dioecesium regimine* à partir du 1.9.1965.
32. André-Marie Charue (1898-1977), évêque de Namur de 1942 à 1974, membre de la commission doctrinale, dont il est élu 2e vice-président, le 2.12.1963.
33. Gérard Huyghe (1909-2001), évêque d'Arras de 1961 à 1984, membre de la commission des religieux.
34. On n'a pas trouvé trace d'une lettre officielle du pape. Cf. *infra* le Journal du 4.10.1963.

pas ce que le pape voulait, au contraire. D'où la lettre à laquelle je fais allusion plus haut.
Devant moi, le card. Suenens téléphone à Mgr Dell'Acqua[35] pour rappeler les sièges spéciaux pour les patriarches orientaux, distincts des autres évêques. Le patriarche Maximos[36] avait l'intention de ne pas assister à l'assemblée d'ouverture pour protester. J'ai téléphoné à Mgr Edelby[37] afin de l'avertir de cette ultime démarche. Devant toutes ces bonnes volontés, Maximos revient sur sa décision.

Dimanche 29 septembre 1963

Arrivée p.m. de Mgr Philips et du chanoine Moeller[38].
Discours du pape à Saint-Pierre.
Impression générale: bonne, voire très bonne, surtout de ceux qui ont assisté aux travaux des commissions et qui ont dû combattre les outrances du parti Ottaviani – théologie du Latran – Tromp[39]. En particulier ont plu beaucoup l'insistance sur le Christ et les 4 buts principaux du concile avec la reprise des perspectives de Jean XXIII, positivité, adaptation pastorale, œcuménicité. Pour la doctrine sur l'Église on a remarqué l'insistance sur les images bibliques autres que le corps mystique et l'affirmation que l'encyclique *Mystici Corporis* ne donnait qu'une vue partielle sur la collégialité (cf. dicta Browne), sur la nécessité de compléter Vatican I. On a fort remarqué le passage où le pape demande pardon pour les torts de l'Église catholique dans l'histoire de la séparation (il n'y a pas si longtemps que des évêques et des théologiens combattaient un tel *mea culpa*).

35. Angelo Dell'Acqua (1903-1972), substitut à la Secrétairerie d'État de 1953 à 1967, cardinal en 1967, vicaire général du diocèse de Rome en 1968.

36. Maximos IV Saigh (1878-1967), patriarche d'Antioche des Melkites en 1947, cardinal en 1965.

37. Neophytos Edelby (1920-1995), en 1961, archevêque d'Edessa, en 1968, métropolite d'Alep.

38. Charles Moeller (1912-1986), prêtre du diocèse de Malines-Bruxelles, chargé de cours puis professeur à l'Université catholique de Louvain à partir de 1949, *peritus* conciliaire, sous-secrétaire de la Congrégation pour la doctrine de la foi de 1966 à 1973, secrétaire du Secrétariat pour l'Unité des Chrétiens de 1973 à 1981.

39. Sebastiaan Tromp (1899-1975), jésuite néerlandais, professeur à la Grégorienne de 1929 à 1967, secrétaire de la commission doctrinale, *peritus* conciliaire.

Lundi 30 septembre 1963

La congrégation générale. Bonne impression: le schéma *De Ecclesia* sera certainement approuvé comme base générale des travaux. À noter entre autres deux interventions (Frings de Cologne et Morcillo[40]) soulignant l'espèce de complexe d'infériorité du 2e chapitre ressassant sans cesse l'affirmation anxieuse de la primauté (24 fois: cf. notes spéciales et rapport de la commission de coordination[41]).
L'adresse au Saint-Père a été conçue et rédigée par Mgr De Smedt avec approbation du card. Suenens[42].
La discussion sur la mise au point des pouvoirs des modérateurs continue. Les 3 (S, D., L. [Suenens, Döpfner, Lercaro]) ont composé un texte affirmant leur rôle dans la direction idéologique du concile: en 3 points (voir archives du cardinal[43]), et de leur mission de mettre le Saint-Père régulièrement au courant (ce qui double le secrétaire d'État). Le cardinal me dit que ce texte correspond aux vues exprimées par Paul VI dans l'audience de la semaine dernière. Et il aurait été approuvé oralement par le pape. Selon le card. Suenens, il aurait dû être lu par le secrétaire d'État ou le secrétaire du concile lors de la première congrégation générale. Il ne l'a pas été. Au début de la séance, Cicognani a appelé Döpfner et lui a dit qu'il ne pouvait lire le texte sans en avoir référé au Saint-Père. Selon le card. Suenens, le pape devait voir Cicognani le soir de ce jour pour mettre cette affaire au point et réaffirmer ses intentions à l'égard des modérateurs.

Note

Pour ma part, j'ai dit au card. Suenens que je trouvais le texte «trop fort» en soi et donnant trop de pouvoirs aux modérateurs. On retombe dans ce qu'on veut éviter: une information unilatérale et non contrôlable du Saint-Père par quelques-uns. Si au lieu d'avoir trois membres favorables au courant «ouvert», c'était le contraire, ce serait la catastrophe. Mais, dans la situation actuelle, où le secrétaire d'État est âgé et constamment circonvenu par la tendance Tromp, de tels pouvoirs sont valables comme contre-poids

40. Casimiro Morcillo (1904-1971), archevêque de Madrid en 1964, sous-secrétaire du concile, membre de la *Commissio praeparatoria De Episcopis ac de Dioecesium Regimine*.
41. Cf. la *Relatio* de Suenens pour la réunion de la commission de coordination, le 28.3.1963 (cf. *A.S.*, V, I, p. 463).
42. Cf. *A.S.*, II, I, p. 205 et F. Prignon 541.
43. Cf. F. Suenens 799-800.

aux moyens dont dispose, de façon privilégiée, la tendance conservatrice. Seulement on va vers des conflits de juridiction etc. entre modérateurs et secrétaire d'État. Il est évident que l'affaire n'est pas au point. Peut-être est-ce plus ou moins voulu selon les habitudes de la curie: enchevêtrement des juridictions, de voies d'influence etc. Quand on réfléchit, le système a du bon car finalement le pape parvient, s'il le veut, à entendre tout le monde et les influences s'équilibrent.

Un premier incident toutefois a déjà éclaté, mais n'a pas été remarqué par l'assemblée. L'ordinaire militaire italien[44] a plaidé à l'assemblée générale pour la jonction du *De Beata* au *De Ecclesia* (quoique pour des raisons de mariologie maximaliste). Döpfner (ou Agagianian poussé par Döpfner[45]) est intervenu pour déclarer «Hoc est in proposito concilii». En réalité, on devait proposer ceci à la commission de coordination, qui vraisemblablement l'aurait accepté, mais la décision n'est pas prise. Et de cette façon, les modérateurs auraient outrepassé la «lettre» de leurs pouvoirs, préjugeant d'une décision à venir. Un cardinal, si mes souvenirs sont exacts, l'a fait remarquer à Suenens. Celui-ci a réuni les 4 après la séance pour expliquer à Döpfner sa fausse manœuvre. Les 4 demandent audience au pape pour le jeudi suivant afin de mettre au point tout cela.
Le cardinal me confirme une fois de plus que le nouveau règlement a été au fond promulgué avant que le Saint-Père n'ait pu l'étudier en détail. En effet la date de la promulgation est antérieure à l'audience accordée à Dossetti à qui le pape demande [sic] ses observations et critiques sur le projet. Quand le pape vit le texte imprimé, il déclara: c'est contraire à mes intentions (au sujet du rôle assigné aux modérateurs et restreint dans la bulle de nomination et dans le règlement à «regere coetus»)[46].
Le soir, le cardinal Silva du Chili[47] vient au collège pour soumettre à Suenens une proposition: la 1e partie du texte du schéma *De Ecclesia* (rattachement de l'Église aux 3 personnes divines) est beaucoup moins riche que dans le projet du schéma chilien[48]. Silva voudrait qu'on remplace

44. Carlo Alberto Ferrero di Cavallerleone (1903-1969), ordinaire militaire pour l'Italie de 1944 à 1953.

45. Agagianian a présidé l'assemblée, le 30.9.1963.

46. Voir aussi *Diario Felici*, p. 354 et 356.

47. Raúl Silva Henriquez (1907-1999), archevêque de Santiago du Chili en 1961, cardinal en 1962, membre de la commission pour l'apostolat des laïcs.

48. Pour ce texte chilien de janvier 1963, cf. F. Philips 581. Cf. M. ARANDA – S. ARENAS, *Ecclesiam Dei. Propuesta de Chile en el processo de elaboración del Documento sobre la Iglesia del Concilio Vaticano II* (Anales de la Facultad de Teología, 45/103), Santiago de Chile, 2014.

la rédaction actuelle par la rédaction chilienne. Le cardinal répond: usez de votre droit de demander cette modification à la commission de coordination (cette visite a eu lieu après une réunion de plus de 40 évêques abondant dans ce sens).

Pour ma part, je ne puis être mécontent de cette modification même si elle court le risque de faire remettre en question pas mal d'autres éléments du chapitre et si elle encourage le groupe Parente[49] à proposer un nouveau texte sur les évêques. C'est évidemment un danger. Mais je ne puis oublier que j'ai combattu pendant trois mois durant les commissions pour faire introduire le schéma trinitaire et que j'ai dû sur ce point vaincre la résistance de Mgr Charue lui-même (ce dernier insistait surtout sur l'aspect christologique de l'Église). Les deux sont complémentaires. Mgr Philips sera sans doute mécontent, car il craint à présent toute modification majeure qui risque le danger signalé ci-dessus. Mais le souci des Orientaux (entre autres) outre la vérité de la doctrine recommande le schéma trinitaire. Ils nous accusent en effet d'«oublier» pratiquement le Saint-Esprit.

Mardi 1 octobre 1963

Le cardinal Silva a fait son intervention au nom de 44 évêques d'Amérique latine. Étant donné qu'il ne critiquait qu'un numéro, il n'a pas été nécessaire de recourir à la procédure extraordinaire. On a versé son texte avec les autres amendements qui iront à la commission.

Intervention assez lamentable de Mgr Guffens[50] qui sortant du sujet a été interrompu par le modérateur Lercaro (à la demande de Suenens).

Dans l'intervention de Ruffini, attaque déplaisante au sujet de la notion de l'Église comme *Ursakrament* (parce qu'il n'y a que sept sacrements!). Évocation du «capo modernista» Tyrrell[51]. Certains de nos évêques (Mgr Heuschen surtout) voudraient demander au card. Alfrink[52] (ancien exégète) de répondre. Ruffini achève de se déconsidérer. De même piètre intervention du card. Browne.

49. Pietro Parente (1891-1986), archevêque de Pérouse en 1955, assesseur du Saint-Office en 1959, membre de la commission doctrinale, cardinal en 1967. À ce moment Prignon ignorait encore que Parente soutiendra avec conviction la collégialité de l'épiscopat.

50. Joseph Guffens (1895-1973), jésuite belge, coadjuteur vicaire apostolique de Koango o Kwango (Congo) de 1949 à 1954.

51. Georges Tyrrell (1861-1909), converti de l'anglicanisme, jésuite irlandais, «moderniste», exclu de la Compagnie des Jésuites en 1906, excommunié en 1907.

52. Bernard Alfrink (1900-1987), archevêque d'Utrecht en 1955, cardinal en 1960, membre du conseil de présidence du concile.

Martimort prétend qu'on a modifié certains textes du schéma sur la liturgie à l'insu de la commission. Mgr Calewaert est assez étonné. À tirer au clair demain. Mgr Garrone[53] est assez mécontent des modifications apportées au schéma XVII notamment au chap. I voté par la commission[54] (selon Ph. Delhaye[55]) (question de procédure, non de fond).

Vendredi 4 octobre 1963[56]

Le card. Suenens étant chez les Frères des Écoles chrétiennes depuis hier[57], je n'ai rien appris de l'histoire secrète du concile. Avant-hier, le card. Suenens m'avait confié que pour éviter des incidents ou des froissements, les précisions sur leurs pouvoirs de modérateurs ne seraient pas lues à l'assemblée. Mais le secrétaire d'État sait qu'ils ont ce papier en poche et qu'ils sont décidés, s'il est nécessaire, d'en faire usage.
Pour la réunion de la commission *De Fide*[58], voir les feuilles de notes prises en cours de séance[59]. Points importants: 1) consultera-t-on tous les amendements proposés ou fera-t-on un choix et suivant quels critères?[60] 2) la division du schéma en 4 ou 5 chapitres est-elle imposée ou fortement conseillée? (par la commission de coordination). De même on discute aussi sur la place du *De Ecclesia* [sic = *De Beata*]. L'équivoque signalée dans les pages précédentes reste posée. Ai rédigé une note pour le card. Suenens sur

53. Gabriel Garrone (1901-1994), archevêque de Toulouse en 1956, membre de la commission doctrinale, cardinal en 1967.

54. Il s'agit d'une nouvelle rédaction de la Première Partie doctrinale du schéma XVII, appelé le «Texte de Malines». Cf. F. Philips 854-878.

55. Philippe Delhaye (1912-1990), prêtre du diocèse de Namur, professeur de théologie morale à l'Institut catholique de Lille et à l'Université catholique à Lyon, professeur de théologie morale à l'Université catholique de Louvain à Louvain-la-Neuve de 1966 à 1982, *peritus* conciliaire, membre de la *Commissio pontificia pro studio populationis, familiae et natalitatis*. De 1936 à 1938, Delhaye et Prignon se sont connus comme étudiants au Collège belge.

56. Le 4.10.1963, Prignon a encore écrit à Suenens une lettre de 3 pages avec des informations. Cf. F. Suenens 1375.

57. Le cardinal Suenens logeait au Collège belge, mais, comme ce logement était fort inconfortable et bruyant, il passait souvent le weekend dans la maison généralice des Frères des Écoles chrétiennes, Via Aurelia 476, située dans le calme hors de la ville.

58. Réunion du 2.10.1963. Cf. *Diarium Tromp*, 3/1, p. 47-53.

59. Cf. F. Prignon 475-489. Ces notes sont, hélas, pratiquement indéchiffrables.

60. En fait, Philips demandera de faire des fiches avec tous les amendements. Cf. F. Philips, p. 6-8. Sur le *De Ecclesia* on fera 2.893 fiches.

ces points et remis mercredi soir[61]. Le card. Suenens dit que les modérateurs en parleront au Saint-Père jeudi (parce qu'Ottaviani va poser la question en-haut). «Élection» d'une sous-commission par Ottaviani lui-même pour classer les amendements. Finalement Mgr Charue y est, après avoir été oublié. Plusieurs parmi les évêques ont crié son nom.
Ottaviani fait l'éloge de Philips qui «fuit anima laboris et elaborationis textus». Browne lui fait exposer son avis (seul expert officiellement interrogé à cette réunion).
Mon impression: ce sera un dur combat surtout pour la collégialité. Que les évêques sont lents à s'émouvoir et à se mouvoir. On dirait qu'Ottaviani les inhibe. Il y a des moments où l'on sentait combien les experts étaient tendus et auraient voulu intervenir. Tromp est toujours aussi désagréable et «schoolmeester» [maître d'école] jusqu'à être blessant pour les évêques. Comment ne réagissent-ils pas plus vite! De même vis-à-vis d'Ottaviani: celui-ci répète: «habetis plenam libertatem», mais se conduit en potentat. C'est tellement fort qu'il ne doit pas s'en rendre compte.
Par Moeller, on me fait demander au card. Suenens d'inviter des cardinaux et des évêques américains à sa table. En effet, ceux-ci se sentent isolés et comprennent mal le débat actuel *in aula*. Celui-ci est dominé par les écoles de théologie européennes (à l'exclusion des Anglais) et dépasse nettement la théologie américaine. Les évêques USA n'en voient pas bien la portée.
De même, on me fait demander si un évêque ou un *peritus* ne veut pas exposer aux observateurs laïcs la portée du débat. Les laïcs sont noyés. Mgr Philips leur fera un exposé mercredi prochain.

Aujourd'hui après-midi. Réunion de la sous-commission *De Fide*. Mgr Charue a pris bien sûr Philips comme expert. Auparavant, tous deux assisteront chez Mgr Elchinger[62], auxiliaire de Strasbourg, à une réunion d'«évêques-exégètes» pour préparer les réponses aux attaques contre la collégialité proférées *in aula*.
Mgr Himmer a parlé ce matin *in aula*, «con cuore», de l'Église des pauvres.
Mgr Heuschen prépare au collège une intervention sur la collégialité dans la tradition (aidé par Moeller). Mgr De Smedt prépare une intervention «psychologique» pour disposer les esprits à comprendre la signification de la nécessité de cette collégialité tant souhaitée.

61. Cf. Annexe I. F. Suenens 1388: Note à propos de la structure du Schéma *De Ecclesia* à la suite de la réunion de la Commission de la foi.

62. Léon-Arthur Elchinger (1908-1998), évêque-coadjuteur de Strasbourg en 1957 et évêque de Strasbourg de 1967 à 1984.

Lundi 7 octobre 1963

Du samedi, 5.10: entrevue avec le cardinal. Ai transmis la note ci-jointe de Mgr Philips.
Cardinal très content de l'audience. Le pape suit très attentivement les débats, est très *ad rem*. Identité de vue avec les modérateurs. Le pape ne veut pas intervenir d'autorité dans les débats à moins que ce ne soit absolument nécessaire. Il désire que tout se fasse selon les règlements et que pleine liberté soit laissée à tous.
D'où: pour le remaniement du *De Ecclesia* (4 ou 5 chapitres), puisque la commission de coordination n'avait pas décidé mais seulement conseillé fortement, bien que le pape soit personnellement d'accord avec le projet, il faut laisser liberté à la *commissio fidei*. Elle doit se prononcer. Mais on peut aussi faire adresser un vœu aux *moderatores* pour qu'ils fassent voter l'assemblée.
De même pour l'insertion du *De Beata* dans le sens indiqué dans la note de Philips. Personnellement le pape aimerait le titre *Maria Mater Ecclesiae*, mais ne l'impose pas.

Quant au refus de parler français adressé au Patriarche Maximos, selon le cardinal il semble que la question de langue ait été surtout un prétexte pour masquer la vraie raison du refus: le contenu très violent du texte surtout contre le Saint-Office. Le patriarche y parlerait des moyens immoraux employés par cette congrégation et attaque le «monopole» ou ses «privilèges». On a voulu éviter un incident violent à l'assemblée. Mais le prétexte était malheureux. Le card. Suenens le reconnaît.

Autre refus [de parler *in aula*] à d'autres évêques, notamment Mgr Blanchet[63]. Voici l'explication. Le texte de Blanchet contenait la demande: «Nil praesumatur solemniter definitum nisi expresse dicitur». En fait, pour donner plus de poids à cette déclaration souhaitée par de nombreux Pères, les modérateurs avaient voulu déclarer ou le demander eux-mêmes. D'où l'apparent refus opposé aux évêques. Entre temps audience pontificale. Le pape souhaite que ces demandes viennent de l'assemblée d'abord. D'où les modérateurs n'en diront rien et les Pères recouvrent toute liberté à ce sujet.
Ai de nouveau insisté auprès du card. Suenens pour que le chapitre sur la Vierge commence par la maternité divine et ne traite pas seulement de la

63. Émile Blanchet (1886-1967), évêque de Saint-Dié en 1940, recteur de l'Institut catholique de Paris en 1946, membre de la commission *De Seminariis, de Studiis et de Educatione catholica.*

maternité vis-à-vis des chrétiens ou du rôle de Marie dans l'Église actuelle[64]. Quant au titre Marie, Mère de l'Église, s'il est défendable, il n'est pas opportun pour l'instant, surtout dans un schéma où l'on parle de l'Église notre Mère (Marie, mère de notre Mère!). De plus ce titre est inconnu en Orient[65] et n'a que très peu d'appui en Occident. Mieux vaut Mère des chrétiens ou des fidèles.
La congrégation générale d'aujourd'hui a été bonne pour la collégialité mais à la sous-commission théologique Tromp a été plus désagréable que jamais. Il n'a cédé en rien. Et fait des difficultés sur chaque mot. Il a traité les discours des cardinaux qui lui sont défavorables de «pleins de confusion». Et puisque Ruffini rejette le texte d'Ephésiens 4 sur apôtres et prophètes, ce texte doit être abandonné. L'avis des autres ne compte pas. Ai insisté auprès de Mgr Charue et Heuschen pour qu'ils fassent leur déclaration à l'assemblée. Mgr Philips a l'impression que ce sera une dure bataille.

Vendredi. samedi, dimanche et lundi: jours de grand travail au collège pour préparer les interventions des trois évêques belges en réponse à Ruffini et Carli[66]. Nombreuses consultations d'experts: Cerfaux, Rigaux[67], Moeller, Thils, Dupont[68]. Plusieurs rédactions successives. Enfin on se met d'accord. Comme toujours, nous avons tapé les textes ici. Mon vice-recteur Leo Declerck d'Ostende est d'un grand secours pour la reproduction des manuscrits. Sans lui je n'en sortirais pas.
Monseigneur De Smedt a revu et rédigé quatre fois son texte[69]. Je le trouve un peu faible et ne touchant pas la question de fond. Il cherche un effet psychologique de «captatio benevolentiae», mais c'est un peu trop oratoire

64. Sous l'influence de la Légion de Marie, Suenens voulait qu'on parle de Marie comme *Regina Apostolorum et Mater Apostolatus*. Cf. F. Philips 1174.

65. Affirmation un peu trop absolue. Le P. Meersseman o.p. avait, à la demande de Paul VI, fait des recherches et avait trouvé que ce titre a été utilisé en Orient (cf. A. MARCHETTO, *Il Concilio Ecumenico Vaticano II. Per la sua corretta ermeneutica*, Città del Vaticano, 2012, p. 132, 134 et M. MACCARRONE, dans *Rivista di Storia della Chiesa in Italia* 52 [1989] 113).

66. Luigi Carli (1914-1986), évêque de Segni en 1957, membre de la commission *De Episcopis et Dioecesium regimine*, archevêque de Gaeta en 1973.

67. Béda Rigaux (1899-1982), franciscain belge, professeur d'exégèse à l'Université catholique de Louvain en 1956, *peritus* conciliaire et membre de la Commission biblique pontificale.

68. Jacques Dupont (1915-1998), bénédictin belge, exégète et disciple de L. Cerfaux, Tout en n'étant pas *peritus* du concile, il a collaboré au *De Ecclesia* et au *De Revelatione*. Cf. E. LOUCHEZ, *Concile Vatican II et Église contemporaine. IV. Inventaire des Fonds J. Dupont et B. Olivier* (Cahiers de la Revue théologique de Louvain, 29), Louvain-la-Neuve, 1995.

69. Cf. F. De Smedt 934-935.

à la fin. Sur mes instances il accepte d'introduire à deux reprises l'affirmation de la volonté du Christ sur la collégialité, et l'aide que les évêques apportent au pape. Ai insisté aussi pour que le texte de Mgr Charue soit plus percutant et plus nerveux.
Autre difficulté: Mgr Calewaert me fait taper un texte très raide contre le diaconat des laïcs mariés. La grande crainte: brèche contre le célibat des prêtres. Le matin même, le card. Suenens me dit qu'il interviendra en sens contraire (pour réfuter les exagérations de Ruffini et de Spellman[70]). Comment éviter un incident désagréable et les conséquences sur l'opinion belge si les deux interventions se produisent, surtout le même jour. Et comment les avertir tous les deux sans trahir leur confiance mutuelle. *Propter bonum commune* et après avoir consulté Mgr Daem, je me décide à les avertir de leurs intentions mutuelles. Réaction assez violente de l'évêque de Gand. Il est évident bien sûr que chacun a le droit de défendre son opinion. Mais il y a le *modus*. Ce soir, j'apprends que Mgr Calewaert ne parlera pas à l'assemblée mais remettra son texte écrit[71]. Mgr Heuschen rédigera un commentaire prudent pour les journalistes belges[72].
Ce soir, après la réunion des modérateurs, le card. Suenens ramène Dossetti au collège. Je crois qu'ils vont préparer ensemble l'intervention du card. Suenens le lendemain sur ce problème du diaconat[73]. Les modérateurs ont vu Ottaviani qui avec eux se montre assez accommodant (je n'ai pas de détails, vu la visite de Dossetti).

Autre problème: le chap. IV. À midi, on apprend par l'entremise de Mgr Huyghe que 11 ou 12 évêques de la commission [des religieux] sont favorables au maintien du chap. IV actuel (élargi: *De sanctitate christiana*). Le soir, réunion de la commission dont Moeller est *peritus*. Antoniutti[74] fait remarquer que l'assemblée en acceptant le schéma par son vote général a tranché la question (beaucoup de membres de la commission se sont plaints du coup de force de la commission théologique qui a rédigé seule le nouveau texte). Il semble toutefois qu'on fera intervenir des Pères

70. Francis Spellman (1889-1967), archevêque de New York en 1939, cardinal en 1946, membre du conseil de présidence et de la commission de coordination.

71. Pour ce texte de Calewaert, cf. F. Prignon 387-388.

72. Au début de la 2e session, les évêques belges avaient chargé Heuschen des relations avec les journalistes belges. Cf. F. Heuschen 20-32 et 400-401.

73. Pour le projet de texte de Dossetti, cf. F. Suenens 1492-1493.

74. Ildebrando Antoniutti (1898-1974), prêtre du diocèse d'Udine, cardinal en 1962 et préfet de la Congrégation pour les religieux en 1963, président de la commission pour les religieux.

à l'assemblée pour redemander la scission du chap. IV[75] et la remise au *Peuple de Dieu* des textes généraux sur la sainteté. D'après Moeller, beaucoup de Pères de la commission semblent ignorer les éléments de la question.
Il faudra insister auprès des évêques pour qu'ils usent de leurs droits dans les commissions et ne s'y laissent pas s'imposer par Ottaviani, Parente et Tromp.
Ai revu la seconde version du discours du cardinal pour la commémoraison de Jean XXIII[76]. Il n'y a plus grand-chose à corriger du point de vue de style.
Mgr Charue téléphone pratiquement tous les soirs pour avoir des nouvelles[77]. Il me dit qu'il a obtenu du cardinal Browne que Philips soit rédacteur final du schéma amendé [*De Ecclesia*] et ait droit de regard sur tous les travaux des sous-commissions.

Mardi 8 octobre 1963

À propos de l'incident Patriarche Maximos: autre version recueillie du card. Suenens aujourd'hui: c'est le card. Tisserant qui, en simple application et en tant que membre de la Présidence, aurait interdit la lecture en français. Les deux versions ne sont pas contradictoires. Il se pourrait que le vice-secrétaire[78] se soit adressé à Tisserant sans insister sur le contenu et que Tisserant n'ait pas réalisé qu'il s'agissait du Patriarche Maximos. *Quidquid sit*, Maximos a parlé aujourd'hui[79] en français avec traduction latine subséquente et sans rien dire de spécialement dur contre le Saint-Office.
À l'assemblée, journée belge: intervention du card. Suenens sur le diaconat. Texté préparé en collaboration avec Dossetti et revu avec moi le matin même (pour le rendre plus «parlant» à l'audition). Il semble que le texte ait fait impression sur les Pères. Mgr Charue sur la collégialité des apôtres

75. Pendant la 3e session, les religieux obtiendront finalement un chapitre spécial. Dans cette discussion Charue était très opposé à ce chapitre spécial, cf. *Carnets Charue*, p. 125-129 et *Inventaire Charue*, p. 77-80, 116-121.

76. Pour les remarques de Prignon et le texte du discours, cf. F. Prignon 531-532.

77. Mgr Charue et son auxiliaire, Mgr Musty, ne logeaient pas au Collège belge mais bien à la clinique des Sœurs de la Charité de Namur à la Via Cesare Correnti 6 (près de la Via Appia Nuova). Très souvent après les congrégations générales du concile, Charue prenait le dîner au Collège belge avec les autres évêques.

78. Sic. En fait, il y avait 5 sous-secrétaires: Nabaa, Morcillo, Villot, Krol et Kempf. Mais il est probable que Prignon parle d'un des adjoints de Felici: Fagiolo ou Carbone.

79. Maximos IV a parlé *in aula*, le 7.10.1963.

dans la Bible a été fort écouté. Il parlait clairement et distinctement avec beaucoup d'autorité. L'intervention de Mgr Heuschen sur la collégialité des apôtres dans la Tradition, surtout occidentale, sur la Tradition [sic] a fait beaucoup d'effet. Nos Évêques se sont placés ici sur le plan scientifique et ont bien montré que les assertions de Ruffini et de Carli étaient historiquement indéfendables.
Conférence du cardinal aux évêques africains[80]. Succès d'après les reporters de presse. Il a parlé du schéma *De Ecclesia* et des refontes proposés, notamment introduction du chap. II sur le Peuple de Dieu et la valeur œcuménique de ce changement, du chap. *De Beata* Mère de Dieu et Mère des fidèles et du schéma *De Seminariis* qui lui tient à cœur. Il a donné, à titre d'exemple, les expériences faites dans son diocèse[81]. Un évêque lui a dit, en cours de séance, avoir été convaincu et retourné par son exposé du matin à l'assemblée sur le diaconat.
Entretien avec Mgr Cerfaux. D'accord avec lui pour insister auprès des évêques que le concile n'entre pas dans la discussion ultérieure des rapports entre pape et corps épiscopal. Que le concile affirme dogmatiquement ou au moins solennellement le principe en laissant aux théologiens et exégètes le soin de scruter postérieurement la doctrine ainsi affirmée et d'en faire l'élaboration théologique. Les conciles ont le plus souvent, sinon toujours, procédé de la sorte. Qu'on ne mêle pas théologie et foi.
Mgr Philips accompagne Mgr De Smedt pour la 2e fois au Secrétariat pour l'Unité (avec Congar et Moeller). C'est si heureux qu'il puisse ainsi avoir des contacts directs avec les observateurs et entendre de vive voix les observateurs sur le schéma[82]. Cullmann[83] doit avoir été impressionné par la déclaration de Siri[84] (ou Staffa[85]?)[86]. Il ne voit pas comment concilier collégialité et primauté. Philips a répondu.

80. Donnée aux évêques de l'ex Congo belge, le 8.10.1963, cf. F. Heuschen 27.

81. En 1964, Suenens va ouvrir à Louvain son nouveau séminaire diocésain Jean XXIII, où l'on mettra l'accent sur la formation apostolique.

82. Pour la réunion des observateurs du 8.10.1963 où Philips a donné un exposé sur la collégialité, cf. F. Philips 1051. Voir aussi M. Velati, *Separati ma Fratelli. Gli Osservatori non cattolici al Vaticano II (1962-1965)*, Bologna, 2014, p. 270sv.

83. Oscar Cullmann (1902-1999), théologien français protestant, professeur à Strasbourg, Paris et Bâle, hôte du Secrétariat pour l'Unité au concile.

84. Giuseppe Siri (1906-1989), archevêque de Gênes de 1946 à 1987, cardinal en 1953, membre du conseil de présidence.

85. Dino Staffa (1906-1977), secrétaire de la Congrégation pour les Séminaires et Universités, vice-président de la commission *De Seminariis, de Studiis et de Educatione catholica*, cardinal en 1967.

86. En fait, c'est Siri qui a parlé *in aula*, le 7.10.1963.

Les nouvelles de Louvain semblent bonnes. Les évêques attendent avec impatience le discours du recteur[87], pour la rentrée.
Demain, le cardinal recevra Mgr Lemaître[88] qui vient s'expliquer sur les dernières déclarations de l'ACAPSUL à propos de la rentrée.

Jeudi 10 octobre 1963

Les événements vont trop vite. Je n'arrive plus à noter au jour le jour tout ce qui serait important ou utile.
La grande affaire ce soir, c'est l'audience du pape aux modérateurs. Le card. Suenens se dit ébloui: «Le Saint-Esprit souffle en tempête». Lercaro répète: «C'est un jour historique». Döpfner: «C'est infiniment plus que tout ce qu'on aurait osé espérer-». Le card. Suenens est ébloui par l'information du Saint-Père et sa présence au réel, par la méthode et la rapidité avec lesquelles il attaque les problèmes, par son ouverture d'esprit aux suggestions de toutes sortes, sa volonté de renouveau, par sa largeur d'esprit et de cœur. Le pontificat l'a transformé, et ce qu'on pouvait espérer de son passé arrive à une maturation qui dépasse toute attente. «Ce sera un grand règne».
Ce qu'il a dit aujourd'hui est «sensationnel», certes au sens journalistique, mais beaucoup plus encore au sens «profond et intérieur». Il ne peut me donner aucun détail, étant engagé au secret, mais «tu seras content» quand cela sortira. Il me dit toutefois que le pape avait sur son bureau un tas de dossiers et de suggestions venant de partout. «Aujourd'hui, c'est moi qui parlerai le premier», a-t-il dit. Ensuite il a confié les dossiers aux quatre modérateurs, chacun en prenant sa partie, pour débroussailler les affaires et présenter rapport et suggestions. C'est de la collégialité vécue.
La conversation rebondit. Je soumets au card. Suenens le texte du communiqué préparé par Heuschen pour la presse sur la collaboration des laïcs au concile. Le card. Suenens répond d'attendre deux ou trois jours, parce que justement ils ont parlé de la chose au Saint-Père et que celui-ci les charge

87. Albert Descamps (1916-1980), évêque titulaire de Tunis en 1960, recteur de l'Université catholique de Louvain de 1962 à 1970. Au début des années 60, les tensions linguistiques (entre néerlandophones et francophones) à l'Université catholique de Louvain ont commencé à monter, ce qui à finalement résulté à la scission de cette université en 1968.

88. Georges Lemaître (1894-1966), prêtre du diocèse de Malines, astronome et physicien, professeur à l'Université catholique de Louvain, président de l'Académie pontificale des sciences en 1960. En 1962, il est un des fondateurs de l'ACAPSUL (Association du Corps Académique et du Personnel Scientifique de l'Université de Louvain), association qui prenait la défense des francophones à Louvain.

de recevoir les laïcs pour mettre au point avec eux les modalités de cette collaboration. Publier le texte maintenant serait une bombe qui pourrait faire croire à une indiscrétion de sa part (Note. Hier au souper pour avoir la réaction des évêques, le card. Suenens leur avait touché un mot du problème exposant les suggestions qu'il comptait faire au Saint-Père. Maintenant ces suggestions sont devenues des propositions agréées par le pape et le card. Suenens n'en est plus maître. Il doit attendre d'avoir reçu les laïcs [avec les autres modérateurs], pour qu'un communiqué soit publié. Ai averti Mgr Heuschen).

Je dis au cardinal: «Si le pape est si bien disposé, ne pourriez-vous lui parler de la simplification nécessaire du faste de l'Église et de tout ce problème de la pauvreté». Le cardinal sourit et me dit: «Décidément, tu as des antennes, tu devines». – J'ajoute cette phrase, non pour parler de moi mais pour montrer que le cardinal a tenu sa parole de garder le secret. – Mais je pousse mon avantage évidemment, puisque Dieu me donne cette occasion de pouvoir intervenir directement chez un modérateur et à travers lui jusque chez le pape. Finalement, je devine que ce thème est un de ceux dont a parlé le pape ce soir. Selon le cardinal, Paul VI a lu tout ce qu'on a écrit d'important sur ce sujet et est décidé à aller de l'avant. Il fait même le geste avec ses mains de se dépouiller de sa croix pectorale. Lercaro est chargé d'étudier les propositions à faire en ce domaine. Lercaro «nage dans la joie». Suenens en a reçu d'autres en «des domaines qui lui tiennent particulièrement à cœur». Finalement, le cardinal me demande de lui faire toutes les suggestions que je crois utiles ou que j'entends faire autour de moi. Sur le champ, je lui réponds que dans ce domaine du faste, l'Église devrait se débarrasser de tout ce qui est un reste du pouvoir temporel et sent trop le régime de cour.

Le cardinal me raconte aussi qu'il a répété au pape les paroles d'un observateur russe que je lui avais transmises et que Mr Moeller lui a confirmées. «C'est très bien les déclarations sur la collégialité, mais nous n'y croirons que lorsque nous verrons les gestes et la doctrine passer dans l'action. Quand je rentrerai chez moi, mes évêques ne me demanderont pas si on a dit ceci ou cela, mais si les patriarches ont été placés près du pape, eux les héritiers des grands sièges apostoliques». De là, après consultation, il semble que le pape ait promis que la question des sièges des patriarches au concile sera réglée pour lundi[89].

89. En fait, à partir du 14.10.1963, les patriarches ont occupé un nouveau poste. Cf. G. CAPRILE, *Il Concilio Vaticano II. Secondo Periodo*, Rome, 1966, p. 90.

Les trois (Suenens, Lercaro, Döpfner) ont fait «une charge à fond» contre l'abus du latin. Suenens a répété le mot de Mgr Yü Pin[90] aujourd'hui *in aula*: «le latin, cette croix pour les Orientaux (Extrême-Orient)». Il y a de l'espoir. Ils n'ont pas parlé de *Veterum sapientia*[91], mais ils en parleront la semaine prochaine à l'audience du jeudi: pour demander en tout cas mitigation et pas d'application avant la fin du concile.
Pour le *De Beata*, le card. Ottaviani avait, si j'ai bien compris, remis une note. Suenens me dit qu'elle est exactement conforme à celle que j'avais composée après la réunion de la commission [doctrinale] hier soir. On a décidé de demander à la commission 4 orateurs: deux pour la majorité et deux pour la minorité, qui exposeront les points de vue à l'assemblée et puis on demandera un vote au concile[92]. Les orateurs ne doivent pas être nécessairement des évêques. Le cardinal espère que Mgr Philips pourra parler *in aula*. Je suivrai cette affaire (voir suite en bas de la page).
Demain, réunion des 4 modérateurs, probablement au Collège belge pour mettre au point tout ce que le pape leur a dit et organiser leur travail.
Mgr Cerfaux prépare un texte sur le *Regnum Dei*[93] (puisque tant de Pères le demandent) et est venu discuter avec Mgr Heuschen au collège cet après-midi. Il fera une conférence sur le sujet aux évêques français lundi, puis mercredi au Collège belge.
Hier Mgr Heuschen a reçu les journalistes belges[94]. Hier encore, conférence à une trentaine d'évêques au collège par Mgr Philips et Moeller sur le schéma *De Ecclesia*.
Hier encore, Mgr Anné[95] me demande de signaler au card. Suenens que le directeur du cénacle tient du secrétaire privé du pape que celui-ci voudrait voir parler Guitton[96] à l'assemblée, au moins à titre de symbole. Transmis au cardinal. Ce soir, le cardinal me dit qu'il a exprès mentionné le nom de Guitton près [?] du pape pour donner à celui-ci l'occasion de manifester

90. Paul Yü Pin (1901-1978), archevêque de Nanjing en 1946, cardinal en 1969.

91. Constitution apostolique de Jean XXIII du 22.2.1962 pour la promotion du latin et qui imposait le latin pour les cours dans les séminaires.

92. Le 24.10.1963, seulement deux orateurs (le card. König et le card. Santos) ont exposé les points de vue différents.

93. Pour ce texte de Cerfaux, *Du Règne de Dieu à l'Église*, octobre 1963, 13 p., cf. *Inventaire Charue*, p. 95 et F. Heuschen 408-409.

94. Cf. F. Heuschen 408.

95. Lucien Anné (1906-1993), prêtre du diocèse de Gand, auditeur à la Rote, qui résidait au Collège belge.

96. Jean Guitton (1901-1999), professeur de philosophie, membre de l'Académie française, auditeur au concile. Il a parlé au concile, le 3.12.1963.

son sentiment. Mais le Pape ne réagit pas au nom de Guitton. Et l'affaire de l'intervention des laïcs prend le cours décrit plus haut.
Le cardinal me dit encore qu'en cours d'audience, le pape avait conseillé aux modérateurs de laisser parler les orateurs autant qu'ils veulent sur le chap. II [du *De Ecclesia*]. C'est le nœud du concile et «ce sera la gloire de ce concile d'avoir laissé toute liberté».
Je demande au cardinal si on ne pouvait demander au Saint-Père d'approuver et promulguer tout de suite les décrets votés. Je donne l'exemple de la liturgie: il y a des choses qui peuvent être appliquées immédiatement comme la lecture de l'épître et de l'évangile en langue du peuple. Si on doit attendre quatre ou cinq ans que les livres liturgiques soient prêts, cela va créer une tension douloureuse et inutile. Réponse: le pape est parfaitement conscient de ce problème et c'est une des choses qu'il nous a chargés d'étudier et sur lesquelles nous devons faire des propositions.
À ce propos, parallèle entre Jean XXIII et ses intuitions qui ne se concrétisaient pas en mesures d'application et Paul VI décidé à passer aux actes.
Moeller me raconte l'incident de la commission pour les Églises orientales où Melkites et Maronites se sont opposés. C'est dommage que les Orientaux n'arrivent pas à s'entendre entre eux. Cela rend difficiles les efforts de leurs amis latins.
Du même, discussion chez les religieux à propos du chap. IV *De Ecclesia*. Il y aura une offensive très forte, non de la commission comme telle, qui ne peut plus agir après le vote de l'assemblée, mais de plusieurs évêques pour obtenir la division du chap. IV et le renvoi de la sainteté au chapitre du *Peuple de Dieu*.
Remis à Mgr Philips le texte ci-joint[97]. Le pape désire fermement qu'on insère dans la déclaration que rien n'est présumé défini solennellement si ce n'est dit explicitement et après avoir attiré l'attention des Pères avant le vote. Mais il ne veut pas l'imposer d'autorité. Il préfère que les évêques le demandent à l'assemblée.
Le cardinal ira lui-même faire visite au Patriarche Maximos, demain ou après-demain.
Le pape a encore fait allusion ce soir dans la conversation aux citations de l'Écriture et des Pères faits *in aula*, pas toujours exacts ou d'après des éditions trop diverses ou non-scientifiques. Il a demandé qu'on fasse attention.

97. Un projet pour la déclaration sur la valeur dogmatique du *De Ecclesia*. Cf. F. Prignon 333.

Pour la nomination de Veronese[98]. Peu de jours avant, Veronese est venu trouver le cardinal. Et le cardinal me confirme qu'il est intervenu pour appuyer cette nomination [comme auditeur].

Quant à la mauvaise humeur des évêques français contre Mgr Philips[99]: Mgr De Smedt a posé la question en termes exprès à Mgr Garrone et Martin[100]. Ceux-ci démentent formellement. Mgr Garrone invite Mgr Philips à dîner pour samedi.
À la réunion de commission *De Fide* hier, réflexion de Balić[101]: «Voi, Belgi, avete il governo adesso nella commissione». À ma réponse: mais il n'y a qu'un évêque belge [Charue] dans la commission, il répond: «Si, ma quale e guardi quanti periti siete. Voi fate la legge». C'est un fait que le groupe des experts belges est le plus nombreux. Et que les idées que nous défendons finissent par triompher.
Pour la commission, voir notes prises au cours de la séance. L'adoption d'un chapitre spécial II sur *De Populo Dei* finit par être votée par les membres. Je m'en réjouis. Je ne puis faire autrement puisque c'est moi qui avait suggéré au card. Suenens de demander cette modification, dans son rapport à la commission de coordination en juillet[102]. Je crois que c'est très important pour notre temps que ceci ait été avalisé. Je ne puis développer toutes les raisons que j'avais de demander cette modification. Elles sont de théologie générale.et j'avais été confirmé dans mon opinion par mes conversations avec le P. Congar. Je sais aussi que le «Peuple de Dieu» serait très bien à sa place dans le chap. I *De Mysterio Ecclesiae*. Mais comme l'a développé Mgr Philips à la commission, le 1er chapitre étudie plus l'Église dans son tout, le 2e chapitre envisage les chrétiens comme sujets individuels. Et c'est très important, avant d'en venir à la distinction hiérarchie et fidèles, d'exposer ce que tous ont de commun.
Il est de nouveau 1h. du matin. Je vais dormir. J'oublie sans doute pas mal de choses. Mais la tête commence à me faire mal.
Dieu soit loué de ce que les perspectives deviennent si optimistes pour le concile.

98. Vittorino Veronese (1910-1986), avocat italien, de 1946 à 1952 président de l'Action catholique italienne, directeur général de l'Unesco de 1958 à 1961, auditeur au concile.

99. En fait, il s'agissait surtout de la mauvaise humeur de J. Daniélou s.j. qui n'avait pas été invité à collaborer à Malines pour rédiger l'introduction au schéma XVII (le «Texte de Malines»). Cf. *infra* au 12.10.1963.

100. Joseph Martin (1891-1976), archevêque de Rouen en 1948, cardinal en 1965, membre du Secrétariat pour l'Unité.

101. Karlo Balić (1899-1977), franciscain croate, mariologue connu, *peritus* conciliaire, professeur à l'Antonianum de 1936 à 1973, président de l'*Accademia Mariana Internazionale.*

102. Cf. *Relatio Em.mi Leonis Ioseph Card. Suenens, A.S.*,V, I, p. 594.

Samedi 12 octobre 1963

À midi, le cardinal, me communique la première décision du Saint-Père (qui lui a été répétée par Mgr Dell'Acqua): Lundi on commence les travaux d'installation *in aula* d'un service de traduction instantanée [sic = simultanée] en 5 langues modernes[103].
Hier, Mgr Hakim[104], l'archevêque de Nazareth, est venu au collège me remercier pour toutes les démarches faites par les Belges et couronnés de succès grâce au cardinal. On leur a fait savoir que les patriarches orientaux seront installés *in aula* face aux cardinaux, devant la statue de Saint Pierre. *Deo gratias.*
Mr Thils demande à voir le cardinal pour lui suggérer deux choses importantes. La première: qu'on rédige avec beaucoup de précautions la formule solennelle de promulgation des décrets. Éviter surtout ce qui était employé au Vatican I: «Ego Episcopus Ecclesiae universalis sacro approbante concilio». Une telle formule serait catastrophique et semblerait démentir la collégialité. Secundo: que le pape vienne une fois ou l'autre à l'assemblée *in forma simplici*, prendre part au débat en s'asseyant à la table de présidence ou des modérateurs et prenne part à une réunion ordinaire, comme le frère aîné des évêques. C'est très important aux yeux des non-catholiques pour éviter cette impression que le pape est seulement au-dessus de l'Église.
Entièrement d'accord. J'avais déjà à deux reprises parlé en ce sens au cardinal. Je reviendrai à la charge. Le cardinal a reçu Thils à 19h.45.

Ce matin, réunion de sous-sous commission au collège pour le schéma *De Ecclesia* pour préparer le classement des amendements (Philips, Rahner[105], Martelet[106] ...) et un texte du P. Rahner sur les rapports entre collégialité et primauté. Le P. Rahner vient ensuite me le dicter pour reproduction[107].
Le P. Congar vient aussi dire un petit bonjour[108].

103. Finalement, la traduction simultanée n'a pas été installée, surtout à cause de problèmes techniques et de traduction. Cf. *A.S.*, V, II, p. 17 et *A.S.*, VI, II, p. 381-383 et 425-427.

104. Georges Hakim (1908-2001), évêque melchite d'Acco et de Galilée en 1943, patriarche d'Antioche de 1967 à 2000.

105. Karl Rahner (1904-1984), jésuite allemand, *peritus* conciliaire.

106. Gustave Martelet (1916-2014), jésuite français, théologien des évêques francophones d'Afrique-Ouest.

107. Cf. F. Philips 1025 et F. Prignon 406.

108. Cf. Journal Congar, I, 12.10.1964, p. 464.

Mgr Philips va dîner chez Mgr Garrone pour parler du schéma et de la commission. Mgr Garrone fera une intervention à la commission pour demander qu'on affirme que n'est strictement défini que ce qui est explicitement présenté comme tel. Il a écrit aux autorités supérieures pour se plaindre du comportement dictatorial d'Ottaviani à la commission *De Fide*. Et il s'engage à intervenir si l'incident dont je vais parler se produit.
Hier en effet, revenant de la sous-commission, Mgr Philips me raconte la «dernière» de Tromp. Réunion de la commission prévue pour mardi: sujet *De Populo Dei*. Tromp déclare: «Tutto cambiato. Le Saint-Père veut qu'on traite d'abord de la hiérarchie» et suivant ce qu'a compris Philips, cela signifie que le chapitre sur le *Peuple de Dieu* redeviendrait le 3e et la hiérarchie le 2e. Ai averti le cardinal qui dément formellement. À l'audience, le Saint-Père a parlé dans l'autre sens. Le cardinal autorise à opposer un démenti formel si Ottaviani et Tromp veulent imposer leurs vues en les prêtant au Saint-Père. Mais il est difficile à la commission de donner ce démenti sans découvrir Philips. Aussi Garrone, si l'incident se produit, fera l'étonné, évoquera un malentendu possible et demandera qu'on recoure aux modérateurs pour clarifier la situation. Motif qui sera invoqué: contraire au vote de l'assemblée et à la décision de la commission. Le cardinal dit que, si nécessaire, des membres de la commission recourent aux modérateurs en leur envoyant une lettre exposant le problème. Il ne s'explique pas comment les assertions de Tromp sont possibles. Ottaviani a été reçu avant eux. Peut-être a-t-il parlé au pape de l'affaire, de telle sorte que celui-ci ne se rende pas bien compte de ce qu'on lui faisait dire. Peut-être Tromp exagère-t-il, comme à son habitude, le sens des paroles d'Ottaviani. On verra. En tout cas, le cardinal suivra l'affaire jusqu'au bout, et si nécessaire, l'exposera au pape. Il me le promet[109].

Il y a eu, il y a trois jours, un autre cas d'exagération du P. Tromp. Micara[110] avait demandé *in aula* qu'on condamne les fausses doctrines etc. et notamment ce qui concerne le péché originel. Sur son *votum*, le Saint-Père avait écrit plus ou moins «attente sequendum est» ou quelque chose d'approchant. Tromp en a profité pour dire que c'était un ordre du Saint-Père de

109. Pour cette question, voir M. LAMBERIGTS – L. DECLERCK, *The Role of Cardinal Léon-Joseph Suenens at Vatican II*, in D. DONNELLY – J. FAMERÉE – M. LAMBERIGTS – K. SCHELKENS (éd.), *The Belgian Contribution to the Second Vatican Council* (Bibliotheca Ephemeridum Theologicarum Lovaniensium, 216), Leuven – Paris – Dudley, MA, 2008, p. 108-109. Et *Mémoires Suenens*, p. 61-217, surtout p. 60-61.

110. Clemente Micara (1879-1965), nonce apostolique en Belgique de 1923 à 1946, cardinal en 1946.

réintroduire dans le schéma l'exposé sur le péché originel. Interrogé, le Saint-Père déclare que ce n'était nullement son intention. Il a seulement voulu dire: l'avis de Micara mérite attention. C'est tout[111].
Ce soir, Mgr van Zuylen m'apporte un projet de déclaration *in aula* à propos du chap. III (surtout sur le style) et me demande de l'élaborer[112].
Reçu Philippe Delhaye. Tiré au clair cette question de la mauvaise humeur des Français contre nous. Daniélou[113] lui a déclaré être très vexé parce qu'il n'a pas été appelé à collaborer à la rédaction du *Prooemium* du schéma XVII. Un autre, Laurentin[114], se plaint qu'il n'y ait pas de cardinaux français parmi les 4 modérateurs. En réalité, tout semble se réduire à des mouvements d'humeur de quelques experts. Il y a aussi l'affaire du schéma XVII (cf. alibi). Je reviendrai sur l'explication de l'importance du rôle joué par les Belges. Il était inévitable qu'elle suscite quelques réactions françaises.
Par ailleurs, le cardinal me dit avoir vu Daniélou *in aula* et lui avoir dit que son intention n'était pas d'empêcher la rédaction d'un chap. I (schéma XVII) sur la personne[115]. Si on estime qu'on peut faire un chapitre doctrinal à ce sujet, séparé du *Prooemium*, il est tout à fait d'accord. Irai chez Glorieux[116] et Mgr Guano[117] pour leur expliquer la situation.
Hier vendredi, dîner avec le cardinal et Mgr Philips. On met au point la question des votes à proposer à l'assemblée au terme de la discussion et destinée à dégager une majorité et une minorité avant les réunions de la commission *De Fide*, afin que celle-ci sache à quoi se tenir. On fera voter sur trois ou quatre projets essentiels: collégialité, sacramentalité de l'épiscopat, diaconat etc. Mais rédiger soigneusement les textes à présenter. Ni trop ni trop peu[118].

111. En fait, Micara avait transmis des *Animadversiones* au pape. Ces *Animadversiones* ont été envoyées, le 2.10.1963, par Dell'Acqua à Felici. Et le pape avait noté sur ce document: «Digna videntur consideratione quae hic dicuntur». Cf. *A.S.*, VI, II, p. 331-332.

112. Pour le discours de van Zuylen *in aula* du 23.10.1963, cf. *A.S.*, II, III, p. 239-242. Aussi Heuschen a travaillé à ce discours, voir F. Heuschen 412 et 524.

113. Jean Daniélou (1905-1974), jésuite français, *peritus* conciliaire, cardinal en 1969.

114. René Laurentin (1917-2017), prêtre du diocèse d'Angers, mariologue, *peritus* conciliare, chroniqueur religieux du journal *Le Figaro* (Paris).

115. Pendant la 1ère intersession, Daniélou avait travaillé à un chapitre sur la personne pour le schéma 17. Le texte, élaboré à Malines en septembre 1963, n'avait pas l'intention de remplacer ce texte de Daniélou.

116. Achille Glorieux (1910-1999), prêtre du diocèse de Lille, archevêque titulaire en 1969, *peritus* conciliaire, secrétaire de la commission pour l'apostolat des laïcs.

117. Emilio Guano (1900-1970), évêque de Livourne en 1962, membre de la commission pour l'apostolat des laïcs.

118. Pour la question des *Quinque Propositiones*, cf. LAMBERIGTS – DECLERCK, *The Role of Cardinal Léon-Joseph Suenens at Vatican II*, p. 109-122.

Obtenu aussi que des évêques parlent encore sur deux points essentiels avant la clôture du débat: mise au point de l'infaillibilité *ex sese* du Souverain Pontife – bien distinguer le principe de la collégialité et l'explication de son rapport avec la primauté: la difficulté de la mise au point de l'explication n'entraîne pas de doute sur le fait. Mgr Martin de Rouen, sondé par Mgr De Smedt parlera sur le premier thème. Peut-être McGrath[119] pourrait-il parler sur le second[120].

Dimanche 13 octobre 1963

Coup de téléphone du cardinal au sujet de l'affaire du *De Ecclesia*. Il a parlé avec Ottaviani à l'occasion de la béatification de cet après-midi. La conversation est venue sur la transposition des chapitre II et III. Le cardinal a dit à Ottaviani que la décision dont il avait parlé au P. Tromp était déjà dépassée par les événements. Les 4 modérateurs ont vu le Saint-Père après lui, et le pape a approuvé le vote de la commission qui avait voté 20 contre 4 pour l'introduction du chap. II *De Populo Dei* suivant les indications de la commission de coordination. Donc, à moins de retournement de la situation, l'ordre restera *De Populo Dei* puis *De Hierarchia*. Ottaviani a été désarçonné, puis a essayé de convaincre le cardinal. Mais celui-ci a tenu bon. Et Ottaviani lui a donné l'impression d'un «vaincu». Le cardinal va tâcher d'avoir un mot de confirmation du Saint-Père si possible avant la séance de la commission fixée à mardi. Sinon, il en parlera jeudi au Saint-Père lors de l'audience hebdomadaire. En attendant, il conseille à Ottaviani de ne pas soulever cette question. Qu'on continue la discussion qui était prévue sur le *Populus Dei*.
Il est donc bien clair qu'Ottaviani a encore tenté un de ses coups de force habituels. Malgré et contre le vote à énorme majorité de la commission, sans rien dire à personne, il est allé tenter de faire avaliser par le Saint-Père ses idées personnelles et de compromettre le pape alors que celui-ci ne cesse de dire qu'il ne veut pas intervenir d'autorité et peser sur les délibérations. Et dire que c'est grâce à Tromp lui-même que nous avons été avertis. Cette fois, il a été pris à ses propres filets.

Je dois dire d'autre part mon impression de l' «innocence subjective» d'Ottaviani: il agit avec un tel cynisme que c'est inconscient chez lui. Il ne

119. Marcos McGrath (1924-2000), évêque auxiliaire de Panama en 1961, évêque de Santiago de Veraguas en 1964, archevêque de Panama de 1969 à 1994, membre de la commission doctrinale.

120. Ni Martin ni McGrath ne sont intervenus *in aula* sur ces sujets.

s'aperçoit pas qu'il transpose au concile ses habitudes du Saint-Office. D'un point de vue esthétique, si ce n'était pas en matière si grave, on aurait presque du plaisir à le voir agir. Il ignore royalement tout règlement etc. Et dire qu'il nous répète: «Habetis plenam libertatem».

J'apprends aujourd'hui que, vendredi, le cardinal Silva, alerté de son côté par Medina, avait téléphoné au cardinal pour le mettre au courant du coup de force comme Philips l'avait fait pour moi. Je suis content que le cardinal ait vu cette fois à l'œuvre les deux gaillards.

Hier soir, Mgr van Zuylen m'apporte son projet d'intervention à propos du style du chap. III *De Laicis*, pour mise au point (comme l'avaient fait NN. SS. Charue, De Smedt et Heuschen).

Thils apporte aujourd'hui au cardinal des projets de rédactions des votes à soumettre à l'assemblée. Mais ils ne sont pas au point. À revoir par Dossetti.

Lundi 14 octobre 1963[121]

Aujourd'hui arrivent les élèves. Va donc recommencer la vie difficile et divisée: élèves et concile. Enfin, puisque les évêques le veulent, à la grâce de Dieu!

Mgr Philips me confirme que Tromp a raconté à d'autres la «décision» du pape. Il en a eu des échos indiscrets. Moeller a raconté au card. König[122], à Mgr McGrath, à Schröffer[123] etc. les événements, mentionnés dans les pages précédentes. *Unde, irae.* Les évêques semblent bien décidés à ne plus se laisser faire par Ottaviani. Ce soir réunion chez le cardinal Léger[124] du groupe de l'an dernier[125] en train de se réformer: Léger, König, McGrath etc. pour mettre au point la tactique à suivre. La réunion de la commission

121. À partir de cette date, les notes de Prignon deviennent difficilement lisibles. Et parfois il oublie aussi des mots ou écrit des phrases mal construites. On a essayé de rendre le texte intelligible.

122. Franz König (1905-2004), archevêque de Vienne de 1956 à 1985, cardinal en 1958, membre de la commission doctrinale, premier président du Secrétariat pour les non-croyants de 1965 à 1980.

123. Joseph Schröffer (1903-1983), évêque d'Eichstätt en 1948, membre de la commission doctrinale, cardinal en 1976.

124. Paul-Émile Léger (1904-1991), archevêque de Montréal, cardinal en 1953, membre de la commission doctrinale.

125. Au cours de la 1e session, un groupe de cardinaux s'est réuni 3 ou 4 fois. Il s'agissait des cardinaux Frings, Liénart, König, Döpfner, Suenens, Alfrink, Léger (cf. LAMBERIGTS – DECLERCK, *The Role of Cardinal Léon-Joseph Suenens at Vatican II*, p. 80, notes 91-94).

[doctrinale] demain promet d'être sensationnelle. Philips, à la sous-commission[126], a obtenu officiellement droit de regard sur les travaux de toutes les autres sous-commissions et s'est fait adjoindre Moeller comme secrétaire pour l'aider dans la compilation des interventions des Pères *in aula. Deo gratias*!
Belle intervention et courageuse de Frings *in aula*.
Les patriarches orientaux ont enfin leur place en face des cardinaux devant la statue de Saint Pierre.
Le P. Congar m'écrit pour suggérer que le rapporteur (il précise oralement) Mgr Philips puisse avant les «votes d'introduction» faire un exposé *in aula* pour préciser le sens du vote. Par le débat de ces jours, il craint la confusion dans l'esprit des Pères et que le vote ne puisse être catastrophique, s'il n'est pas bien préparé. Voir lettre ci-joint[127]. En parlerai demain au cardinal.
Ai terminé ce soir la mise au point du texte de l'intervention de Mgr van Zuylen à propos du chap. III.

Jeudi 17 [par erreur Prignon a mis 16] octobre 1963

Les événements vont trop vite. Je n'ai plus le temps de noter au jour le jour. On s'approche de l'éclatement de la crise latente entre les modérateurs et de l'autre côté le secrétaire du concile qui s'appuie sur le secrétaire d'État. Je continue cette note après l'audience du Saint-Père aux modérateurs. La crise est actuellement désamorcée … jusqu'à la prochaine.
Le fil des événements.
Mardi, à la commission théologique, Ottaviani fait lire la lettre des 4 modérateurs[128]:
1) prenant acte et approuvant définitivement, vu la majorité décisive de la commission, de l'adoption d'un chap. *De Populo Dei* et hoc «consulto Sancto Patre».
2) vu la majorité insuffisante au sujet du *De Beata*, renvoyant la décision à la congrégation générale. Orateurs seront désignés (soit pères soit *periti*) pour défendre les 2 points de vue devant l'Assemblée.
3) au sujet de précisions des notes théologiques des déclarations du concile, que la commission théologique étudie le problème et prépare un texte.
(Le cardinal m'avait mis au courant à l'avance de ces décisions).

126. Il s'agit de la sous-commission [centrale] *De Ecclesia pro examinandis emendationibus propositis* (cf. F. Philips 936sv.).
127. Pour cette lettre de Congar, voir F. Prignon 512.
128. Lettre d'Agagianian à Ottaviani, 14.10.1963. Cf. *A.S.*, VI, II, p. 361-363.

Cette lecture terminée, Ottaviani prend la parole. Au cours d'une audience de *tabella*[129] chez le pape et ne sachant pas que les modérateurs allaient, après lui, parler au Saint-Père du problème, il apprend de la bouche du Saint-Père que le pape préférerait qu'on traitât d'abord de la hiérarchie. Il se croit obligé de communiquer aux Pères cette opinion du pape et enchaîne immédiatement: Ne voulez-vous pas vous rallier à cette opinion du Saint-Père? (bien que personnelle et privée). Stupeur, car ceci contredit de fond la lettre des modérateurs. Schröffer dit quelques mots pour souligner que la commission alors n'a plus sa liberté. Mgr Charue insiste plus clairement sur le même thème en mentionnant la volonté clairement exprimée par le pape de ne pas intervenir directement dans les débats et propose de renvoyer la question aux modérateurs. Le Père Gut[130] abbé général o.s.b. appuie en deux phrases sèches et rigoureuses. Ottaviani est visiblement décontenancé. Longue discussion alors non sur la procédure en rapport avec cette intervention, mais sur le fond. À noter l'intervention de Schauf[131] qui, pour dissiper l'équivoque, fait remarquer la confusion possible sur le mot de Peuple de Dieu. Certains l'entendent spontanément des seuls laïcs, alors que le mot en soi et dans le schéma désigne tous les membres, hiérarchie et simples fidèles. Au cours de la discussion, Schröffer rappelle la lettre des modérateurs qu'on vient de lire à l'instant. Ottaviani clôt brusquement le débat, demande une note explicative à Mgr Philips à l'usage du Saint-Père[132], et annonce qu'il ira faire rapport à celui-ci. Aucune réaction des évêques. C'est dommage, pour la question de principe. L'attitude d'Ottaviani était doublement critiquable. Elle remettait en cause la décision des modérateurs prise, «consulto Sancto Patre», après la conversation privée que lui-même avait eue avec le pape, et portait ainsi un coup pas très élégant à l'autorité de ceux-ci. 2° elle le faisait en découvrant la couronne et en faisant peser une opinion privée du pape sur la discussion de la commission. De plus, à cause de l'équivoque possible sur le sens du Peuple de Dieu, elle amenait les Pères à se demander si le pape avait bien lu le schéma ou s'il avait été suffisamment informé. On retrouvait une fois de plus l'atmosphère de suspicion qu'on trouve [dans] toutes les démarches d'Ottaviani. C'est dommage! D'autre part, ce dernier continue d'agir avec

129. Les audiences régulières pour les préfets des congrégations de la curie.

130. Benno Gut (1897-1970), bénédictin suisse, de 1947 à 1959, abbé d'Einsiedeln, de 1959 à 1967, abbé primat, cardinal en 1967, membre de la commission doctrinale.

131. Heribert Schauf (1910-1988), professeur de droit canonique à Aix-en-Chapelle en 1945, ami de Tromp, *peritus* conciliaire.

132. Pour cette note «De Populo Dei (Caput II). Rationes propter quas Caput *De Populo Dei* immediate post Caput I *De Mysterio Ecclesiae* ponendum aestimatur», cf. F. Philips 982 et F. Suenens 1547. Cf. Annexe II.

une telle désinvolture à l'égard de sa commission que ne pouvant croire à du cynisme de sa part, je conclus à l'inconscience et à la déformation personnelle due à son activité au Saint-Office. Les Évêques sont sortis de cette réunion convaincus (à la grande majorité) une fois de plus qu'Ottaviani est incapable de diriger objectivement les débats. Mais il semble que personne parmi eux n'osera jamais le lui dire. Toujours cette confusion qui court depuis 4 ans qu'on a commencé à préparer le concile!

Jeudi 24 octobre 1963

Audience des modérateurs. L'affaire des votes semble terminée. Le pape a lu et approuvé le texte qui est fondamentalement celui de Dossetti revu par Mgr Philips, Moeller et moi-même[133]. On a seulement divisé le 3 en a et b pourque le vote sur le *jure divino* de la collégialité puisse se faire en pleine clarté et sans équivoque. Les questions 2 et 3 de IV comme décidé hier ont été supprimées. Le cardinal Siri n'a pas encore remis son texte (voir séance de hier)[134]. S'il ne le remet pas tant pis; on donnera demain l'ordre d'imprimer et de distribuer aux Pères lundi prochain. Le pape n'a pas fait d'objections au texte. Il est content que l'affaire soit réglée.
Mais il [le pape] est maintenant décidé à faire avancer les affaires au concile. Il sait que les évêques commencent à s'impatienter et dans [?] le monde aussi. Il a donné des ordres pour qu'on travaille plus vite à la commission *De Fide* et qu'il y ait plus d'une séance par semaine[135]. Le cardinal lui a fait remarquer combien les manœuvres de Felici avaient fait perdre de temps (voir réflexions finales plus loin).
Le cardinal lui demande aussi, s'il est d'accord que l'on traite de la liberté religieuse, de donner des ordres clairs et définitifs à ce sujet (Voilà trop longtemps que malgré toutes les décisions antérieures, le secrétaire d'État bloque l'affaire). Le pape prend note. Il accepte aussi de ne pas employer la formule: «Ego, approbante Sacra Synodo ...» pour promulguer les constitutions et les décrets. Il se rend compte de l'effet désastreux qu'une telle formule aurait du point de vue œcuménique, même si à la limite, elle pouvait encore plus ou moins s'expliquer. Il faut faire des recherches dans

133. Pour ces projets, cf. F. Prignon 459-474.

134. Pour les vicissitudes du texte «alternatif» de Siri, cf. LAMBERIGTS – DECLERCK, *The Role of Cardinal Léon-Joseph Suenens at Vatican II*, p. 115-117.

135. Cf. *Monitum Summi Pontificis Pauli VI* , 24.10.1963, *A.S.*, V, II, p. 12-13 et la réponse d'Ottaviani au pape, 27.10.1963, *A.S.*, VI, II, p. 397-398.

les conciles antérieurs afin de trouver une formule plus adéquate et ayant déjà été employée.
L'audience se termine par l'invitation à dîner des 4 modérateurs pour le dimanche suivant à 20h.1/4. Le cardinal Suenens demande si on pourra parler du concile à table et d'autres affaires sérieuses. «Oui, dit le pape, ma *come si fa a tavola*».
Le cardinal Döpfner interviendra à l'assemblée pour défendre le chap. IV du schéma *De Ecclesia* dans sa forme actuelle, contre la scission demandée par les religieux entre le *De Sanctitate* et le *De Statibus perfectionis*[136]. Ce serait dommage en effet de donner l'impression qu'il y a deux saintetés, une commune, et une spéciale pour les religieux. Mais la bataille s'annonce serrée sur ce point.
Ai demandé au cardinal: Qu'est-ce que le pape a dit sur votre *votum* invitant des femmes comme auditrices[137]? Réponse: Je lui en avais parlé lundi à l'audience. Il était d'accord que je le présente. Vous le savez bien.

[Sur cette page suivent encore des notes éparses en style télégraphique]

[Le Fonds Prignon 513 contient encore 19 pages manuscrites datées entre le 5.11 et le 4.12.1963. Elles sont écrites en style télégraphique et ne permettent pas une publication. Elles trahissent aussi l'immense fatigue de Prignon. Certaines phrases ou bribes de phrases donnent quelques informations intéressantes.]

136. Cf. Intervention *in aula* de Döpfner, du 29.10.1963.
137. Intervention *in aula* de Suenens, du 22.10.1963. Cf. F. Suenens 1531-1540.

Bande magnétique de Prignon relatant des faits des dernières semaines d'octobre 1963

[Cette bande magnétique a été enregistrée par Prignon, le 27.10.1963 et dactylographiée par L. Declerck en novembre 1963. F. Prignon 516.]

La suite des événements depuis la réunion de la Commission

Après l'affaire de l'opinion personnelle du Saint-Père [concernant la place du *De Populo Dei* dans le *De Ecclesia*] on discuta donc l'opportunité de placer le schéma *De Beata* dans le *De Ecclesia.* On vota donc sur ce point, voir mes notes. Et là on accepta donc l'intervention des 4 modérateurs. Ensuite on accepta aussi cette intervention sur la question de la qualification des notes théologiques et pour déférer à ce désir on composa une sous-commission où le cardinal Léger, à notre surprise à tous, proposa comme premier membre le Père Fernandez[1], le maître général des Dominicains; puis on élit Mgr Parente et Mgr Schröffer. Pour le reste de la réunion de la commission [du 15.10.1963], voir notes.

Je fis évidemment rapport au cardinal sur ce qui s'était passé. Et je dois dire que j'étais assez surpris du peu de combativité des évêques qui, à part trois, enregistrèrent sans beaucoup de réaction l'intervention déplacée du cardinal Ottaviani. Alors que celui-ci termina en disant qu'il rendrait compte au Saint-Père de ce que cette proposition ne saurait pas soulever l'enthousiasme des Pères aucun ne fit remarquer que cette démarche était inconvenante et pourrait compromettre Sa Sainteté. J'oublie de dire que le card. Ottaviani demanda publiquement à Mgr Philips de faire alors une note pour le Saint-Père, justifiant la transposition du chapitre du Peuple de Dieu avant le chapitre de la Hiérarchie. Le lendemain, Mgr Philips composa cette note[2], avec la collaboration du chanoine Moeller et la mienne et la fit passer au card. Ottaviani. J'appris par la suite que celui-ci l'avait remise au Saint-Père. Et que lors de l'audience du jeudi accordée aux modérateurs le

1. Aniceto Fernandez (1895-1981), dominicain espagnol, maître général de son ordre de 1962 à 1971, membre de la commission doctrinale.

2. Pour cette note, cf. F. Philips 980-982, F. Prignon 381 et F. Suenens 1547. Cf. Annexe II.

pape a dit au cardinal qu'il avait lu cette note et qu'il en avait saisi la portée, la solidité des arguments et qu'il se ralliait sans plus à sa proposition.
Le lendemain matin [15.10.1963] se déclencha l'affaire des 4 votes. Le cardinal en tant que modérateur de tour annonça à l'assemblée, avant la clôture des discussions du second chapitre que [le vote] ... pourrait être un instrument ... à la commission théologique sur les orientations de la majorité ou de la minorité éventuelle. On lui poserait quatre questions dont le texte serait remis le lendemain. Et ceci déclencha les bagarres.
Malheureusement, Son Éminence se trouvait alors à la Via Aurelia chez les Frères [des Écoles chrétiennes] dont il ne devait revenir que le mercredi [16.10.1963] dans l'après-midi. Aussi bien que je n'ai pas su les circonstances exactes de cette décision. Il est certain que Dossetti y joua un grand rôle, et j'ai appris dans la suite, le cardinal en me remettant le texte me le dit, que le projet qui avait été imprimé de ces 4 questions avait été rédigé par Dossetti et Colombo[3]. Le mercredi après-midi, quand le cardinal revint au collège après l'assemblée générale, on apprit en effet que les 4 *vota* n'avaient pas été distribués. Un quart d'heure avant le début de la séance, le secrétaire du concile était venu trouver le card. Agagianian et les autres modérateurs pour les avertir que le texte des 4 *vota* devrait d'abord être soumis à la commission de coordination. Il ne pouvait pas être présenté tel quel *in aula*. Étant donné que la nouvelle vint si tard, on ne put discuter la chose et les modérateurs se contentèrent d'annoncer *in aula* que la distribution se ferait dans les prochains jours. En réalité il s'était passé ceci (le cardinal me le raconta dans la suite): le secrétaire général du concile Felici, qui à tort, il faut le reconnaître, n'avait pas été prévenu de ces *vota*, était fort mécontent. Il avait immédiatement [fait] une objection de procédure. C'est lui qui avait remarqué que le règlement ... [prévoyait que pour une] proposition venant des Pères, les modérateurs devaient en référer à la commission de coordination, et il avait soulevé cette objection. Le mercredi matin, à 7h., on avait déjà averti le card. Agagianian qu'il était prié soit de se rendre à la Secrétairerie d'État avant la séance, soit de voir le secrétaire, mais, en tout cas, il n'était pas question que les *vota* proposés passent à l'assemblée. Le mercredi après-midi, les modérateurs discutaient entre eux dans une discussion qui fut assez lourde, paraît-il, à cause de l'atmosphère. Les trois n'étaient pas tout à fait sûrs du rôle joué par Agagianian et le soupçonnaient d'avoir plus ou moins mis le secrétaire au courant de leurs

3. Carlo Colombo (1909-1991), *peritus* conciliaire, évêque auxiliaire de Milan en 1964, conseiller théologique de Paul VI.

discussions et d'avoir angoissé l'autre parti[4]. Le card. Döpfner, tout en soutenant pour le fond la thèse du card. Suenens, était assez hésitant et conseilla à ses collègues de se rallier à la position de la commission de coordination afin d'éviter des susceptibilités de personnes [et] aussi pour trouver un appui si cette commission pouvait approuver la thèse. Le card. Suenens n'était guère de cet avis parce que cela mettait en cause l'autorité des modérateurs, qui avait été, au fond, publiquement compromise aussi par le fait que, le lendemain, on n'avait pas procédé à la distribution annoncée. Bref, ils décidèrent d'en référer au Saint-Père à l'audience du lendemain. Ce qui eut lieu. Ce jour-là [17.10.1963], le cardinal, ne rentrant qu'au souper, était assez tendu. Il se rendait bien compte … au fond éclatait un conflit entre les modérateurs d'une part, et la Secrétairerie d'État et le secrétariat du concile. Et il n'était pas trop sûr lui-même de la façon dont les choses évolueraient. Enfin, il trouvait très bien de mettre le Saint-Père au courant.

Le jeudi soir [17.10.1963] au retour de l'audience, il était très content. Mille sur dix, me dit-il, à propos du Saint-Père. Plusieurs questions semblaient avoir été réglées. Le Saint-Père lui raconta de fait qu'il avait bien dit au card. Ottaviani que c'était son opinion personnelle de [placer] le chapitre du Peuple de Dieu [après] le chapitre de la hiérarchie.

D'autre part, il confirma au cardinal qu'il avait très bien compris cependant que le Peuple de Dieu était pris dans son indistinction, englobait hiérarchie et le peuple. Mais que, malgré ça, il avait pensé qu'il était préférable de parler d'abord de la hiérarchie. Enfin qu'ayant lu la note de Mgr Philips, il se ralliait à ce point de vue. Quant aux 4 *vota*, il conseillait au cardinal, aux 4 cardinaux [modérateurs] de s'entendre avec le secrétariat et de convoquer la commission de coordination afin de régler l'affaire à l'amiable, pour éviter des conflits de personnes. Les cardinaux acceptèrent évidemment et le pape leur dit ce jour-là qu'il les inviterait à dîner. Il demandait au cardinal si les suggestions étaient prêtes concernant les affaires dont il l'avait chargé à l'audience du jeudi précédent, notamment en ce qui concernait une éventuelle participation des femmes à l'assemblée[5]. Bref, le cardinal revint fort content.

Mais le vendredi [18.10.1963], nouvelle alerte. Tout était à nouveau mis en question. Le cardinal apprenait par l'intermédiaire du card. Döpfner, et si je ne me trompe par Agagianian, maintenant [que] le secrétaire d'État et

4. En fait c'est Felici, qui était fort opposé à ces *5 Propositiones*, qui avait averti Cicognani, le secrétaire d'État. Cf. *Diario Felici*, p. 356-357.

5. Le 22.10.1963, Suenens fera une intervention *in aula* dans laquelle il demandera la participation de femmes au concile.

le secrétariat du concile avaient l'intention de convoquer non seulement la commission de coordination mais aussi le conseil des présidents. Il ne savait pas trop les motifs. Je suppose qu'on leur citait les questions du règlement, puisqu'il s'agissait d'un point nouveau qu'on pouvait se poser si le problème était conforme au règlement [sic]. On voulait avoir l'avis des présidents. Sur un autre point aussi, l'avis de ceux-ci pouvait être dominant: fallait-il pour ces 4 votes une majorité des deux tiers ou, comme il s'agissait d'un simple vote interlocutoire, une majorité simple? En première réaction, le cardinal était plutôt décidé d'aller de l'avant et de refuser le conseil de la présidence. C'est pourquoi il demandait à Döpfner, qu'ils avaient chargé entre temps de la relation et du contact avec le secrétariat d'aller trouver le cardinal secrétaire d'État et de lui dire: d'accord pour la commission de coordination, pas d'accord pour la présidence. Döpfner y alla et le secrétaire d'État lui dit: c'est Felici, le secrétaire, qui veut cela. Felici, qu'il a vu après, lui dit: c'est le secrétaire d'État qui veut ça. Bref, le secrétaire d'État accepterait une réunion de la commission de coordination pour le lundi suivant, et Döpfner revint tout content chez lui. Mais moins d'une heure après, on téléphone déjà de la secrétairerie d'État que la réunion ne pouvait avoir lieu, le cardinal [Cicognani] n'étant pas libre, et qu'elle aurait lieu mercredi comme l'avait suggéré le secrétaire d'État avec les présidents. Le cardinal était rentré assez tard ce soir-là, à 10h. du soir, et apprit cela le lendemain matin. Il me le communiquait immédiatement. Entre temps avec l'aide de Mgr Philips et du chan. Moeller, nous avions préparé une nouvelle rédaction des *vota*[6] [suivent 3 lignes embrouillées, incomplètes et incompréhensibles: «soit pour la question de la mention *indivisum* … incompatible pour le card. Siri n'ayant pas la moindre des chances de passer à la réunion et d'autre part dans le diaconat. La rédaction contenait une sorte de sottise puisqu'on recommandait à l'autorité suprême … on le demandait s'il y avait possibilité de constituer un diaconat permanent … que l'autorité suprême avait évidemment cette possibilité. On trouvait une autre formule»].

Les évêques dans l'assemblée s'inquiétaient du sort de ces amendements. Ils commençaient à critiquer la faiblesse des modérateurs, ne sachant évidemment pas ce qui se passait, et la presse, notamment le *Corriere della*

6. Cf. F. Prignon 463 A, document du 19.10.1963. Voir aussi *A.S.*, V, I, p. 699. Pour une analyse théologique de ce texte, cf. Cl. TROISFONTAINES, *À propos de quelques interventions de Paul VI dans l'élaboration de «Lumen Gentium»*, dans *Paolo VI e i Problemi ecclesiologici al Concilio*, Brescia, 1989, p. 102 et G. PHILIPS, *L'Église et son mystère au IIe Concile du Vatican. Histoire, texte et commentaire de la Constitution Lumen Gentium*, Paris, 1967-1968, vol. I, p. 29-31.

Sera[7], révélait la chose au grand jour et soulignait que beaucoup de difficultés provenaient de l'opposition de la secrétairerie d'État à Dossetti, le conseiller théologique des modérateurs.
La réunion eut lieu le mercredi [23.10.1963] durant à peu près trois heures[8]. Fort confuse, m'a dit le cardinal, parce que beaucoup semblaient ne pas se rendre compte de quoi il s'agissait, et d'autre part, au compte on ne constatait que 17 voix seulement .... [blanc dans le texte]

Les questions 1 et 2 passaient sans trop grande difficulté, sauf que le cardinal Siri demanda qu'on supprime le mot *collegium*.

... Sur la question [III][9], on ne parvint pas à un accord. Aussi le card. Suenens proposa lui-même que le card. Siri rédigeât un autre texte, et que les deux soient soumis au jugement des Pères[10]. Pour la question 4 on supprima le b et le c [en fait le 2 et le 3] parce qu'on entend affirmer le principe du diaconat. Et le card. Frings fit remarquer au card. Suenens qu'il valait mieux ne pas insister sur le b et le c [=2 et 3] parce que, de fait, du moment qu'on acceptait de poser la question a [=1], la question du diaconat marié se poserait d'elle-même dans la suite. Il valait mieux ne pas urger ce point [sic] maintenant qui était particulièrement sensible à beaucoup de Pères. Bref, le cardinal revint content, mais le lendemain, à l'audience du Saint-Père, on lui raconta la chose, on soumit le texte. Le Saint-Père ne fit pas de difficultés et souhaita qu'on les présenta à l'assemblée. L'affaire semblait donc réglée.

7. Article de F.D.S., *Clima teso al Concilio giunto a un punto critico, Corriere della Sera,* 24.10.1963. F. Prignon 474.

8. Pour le *Processus verbalis* fait par Fagiolo et Carbone à partir d'une bande magnétique, cf. *A.S.*, V, I, p. 701-735.

9. III. Utrum placeat Patribus declarare *Collegium* seu Corpus Episcoporum, quod Collegio Apostolorum in munere evangelizandi, sanctifciandi et *pascendi* succedit – una cum Capite suo Romano Pontifice et numquam sine hoc Capite, cuius salvum et integrum remanet ius primatiale in omnes pastores et fideles – *iure divino* plena et suprema potestate in universam Ecclesiam pollere?

N. B. Sensus huius propositionis est: a) quod exercitium potestatis Corporis seu Collegii Episcoporum regitur ordinationibus a Romano Pontifice probatis vel saltem ab eo *non* reprobatis; b) quod actus vere collegialis Corporis Episcopoum non datur, nisi invitante vel saltem libere acceptante Romano Pontifice; c) quod modus practicus et concretus, quo duplex forma supremae potestatis in Ecclesia exerceatur, ad ulteriorem determinationem theologicam et iuridicam pertinet, Spiritu Sancto harmoniam inter utramque formam indefectibiltier roborante (Texte donné par Döpfner à Felici, le 19.10.1963. Cf. *A.S.*, V, I, p. 699).

10. Cf. *Processus verbalis, A.S.*, V, I, p. 719 et 735.

Mais le vendredi [25.10.1963], nouveau rebondissement. Au début de l'assemblée *in aula*, le card. Ottaviani vint trouver le card. Suenens pour lui reprocher d'avoir proposé les *vota* disant qu'on faisait pression ainsi sur la commission théologique pour la ligoter, que c'était inadmissible (d'abord la commission doit juger les questions), et puis reprochant au cardinal d'avoir été chez le pape. Bref, une altercation assez pénible qui fut interrompue par le début de l'assemblée, mais qui laissait prévoir des rebondissements ultérieurs. En effet, Mgr Philips apprenait par Schauf que la chose ne se passerait pas comme ça, et Tromp, le même soir, annonçait déjà que la réunion de la commission théologique serait avancée du mercredi au lundi [28.10.1963] et qu'on y traiterait d'affaires importantes, en disant qu'il ne pouvait rien préciser, que le cardinal [Ottaviani] avait ça dans sa [sic] tête, que lui ne pouvait rien dire malgré la question de Medina, qui avait mis les pieds dans le plat, et demandait si ça ne se rapportait pas aux 4 vota. Bref, électricité dans l'air.
Aujourd'hui dimanche [27.10.1963], fête du Christ-Roi, nous n'avons pas de nouvelles. Sauf que, vendredi, le cardinal nous a remis le texte modifié qu'on trouvera dans le rapport. On a supprimé ce qui était en réalité en retrait sur le texte du schéma. Le cardinal semble assez pessimiste sur le sort des 4 *vota* en se disant qu'Ottaviani sera certainement allé chez le Saint-Père, et que celui-ci probablement acceptera qu'on passe par la commission théologique. Ce qui semble bien compromettre définitivement le sort des 4 questions … Nous verrons bien.
Aujourd'hui soir [27.10.1963], le cardinal va dîner chez le Saint-Père avec les modérateurs: on verra bien ce qui en sortira. J'oublie de dire qu'avant l'audience du jeudi [24.10.1963], le cardinal est allé le lundi [21.10.1963] soir chez le Saint-Père pendant 40 minutes. Son intention était de lui parler de choses diverses, mais il parla pendant … minutes …de l'opposition du secrétariat [du concile], du groupe Ottaviani etc. aux modérateurs. Il essaya de faire comprendre au Saint-Père que, cette fois-ci, son autorité même était en jeu; qu'après la prise de position qu'il avait eue dans son discours à la Curie [21.9.1963], on l'accuserait de faiblesse. Qu'il verrait des titres dans les journaux disant que le Saint-Père n'avait pas le courage des opinions auxquelles il renonçait devant l'opposition de la Curie; que ce serait une déception pour le concile et pour le monde, que manifestement l'assemblée n'était pas d'accord avec le procédé du secrétariat etc. etc. Tout ce qu'on pouvait dire pour éclairer … de Sa Sainteté. Et il m'a dit: j'ai fait mon possible; maintenant c'est dans les mains du Saint-Père; que lui-même prenne ses responsabilités. J'ai oublié de dire aussi qu'à l'audience du jeudi suivant aux modérateurs en parlant de ce qu'il venait de dire aux observateurs sur la proposition de créer un groupe

Histoire des origines, il ajouta: ceci pourrait [être] intéressant pour Louvain ou l'Institut biblique[11].
Comme autres choses, le départ de Cerfaux, le travail de Philips et Moeller dans les fiches, la jalousie du cardinal Léger[12] ... Intervention de De Smedt, van Zuylen, Daem, De Keyzer etc.

11. Audience aux observateurs du 17.10.1963 où le card. Bea et le pape ont parlé de l'érection d'un institut œcuménique pour étudier l'histoire du salut. Après le concile, cet institut sera érigé à Tantur en Terre sainte. Moeller en sera le premier recteur.

12. Cf. Carnets Moeller, 16, 29.10.1963: «Je pense pour ma part que Léger se détache du concile, et ne reviendra plus à la commission théologique entre les sessions. Il prépare une crise de jalousie à l'égard de Suenens. Il sent que ses interventions ne donnent rien, frappent à côté» (cf. Cl. SOETENS, *Concile Vatican II et Église contemporaine. 1. Archives des Fonds Ch. Moeller, G. Thils, Fr. Houtart* [Cahiers de la Revue théologique de Louvain, 21], Louvain-la-Neuve, 1989).

Bande magnétique de Prignon relatant des faits de fin octobre – novembre 1963

[Cette bande magnétique a été dactylographiée par L. Declerck en novembre 1963. F. Prignon 512.]

Dimanche soir donc [27.10.1963], il y eut l'audience. Le cardinal revint très content. Le pape a offert à chacun un calice en s'adaptant au tempérament et à la mentalité de chacun des modérateurs. N'assistait au dîner, outre le Saint-Père et les 4 modérateurs, que le secrétaire de Sa Sainteté. Avant et après le repas on discuta de la situation. Le pape lut une dernière fois le texte préparé et accepta la demande du cardinal qu'on introduisît le «saltem libere recipiente»[1]. Le cardinal revint très content de cette audience et on se retrouva plein de confiance. Au cours de l'audience, on parla d'ailleurs de diverses choses, notamment des moyens d'accélérer la procédure. Le pape remercia les modérateurs de leur action et se réjouit de les avoir institués. Entre temps, je crois que j'ai oublié de raconter ceci dans l'autre bande, le cardinal Siri avait fait parvenir au cardinal Suenens son texte à lui[2], que je conserve dans mes archives et où se trouve la fameuse note dans laquelle le card. Siri demandait qu'on publie ce seul texte. Ce que notre cardinal ne pourrait évidemment pas accepter. Il me fit d'abord préparer un projet de lettre pour expliquer les raisons de son refus au cardinal; puis, réflexion faite, il décida de le lui dire oralement dès qu'il le verrait. À la réunion de la commission théologique le lendemain [28.10.1963], il y eut cette fameuse séance où le card. Ottaviani fit lire par le P. Tromp toute une série de propositions. Deux d'abord concernant la morale conjugale et la morale sociale venant de «una altissima personalità» dont on ne révélait pas le nom[3], et aussi une autre recouvrant les projets des

1. Dans la question 4, le texte de la N. B. devenait: actus vere collegialis Corporis Episcoporum non datur nisi invitante aut saltem libere recipiente Romano Pontifice.

2. Voir plus haut, les événements du 24.10.1963.

3. Pour ce texte, cf. *A.S.*, VI, II, p. 391-392. En fait, cette «altissima personalità» était le Roi Baudouin, qui s'était laissé inspirer par V. O'Brien. Cf. M. LAMBERIGTS – L. DECLERCK, *The Role of Cardinal Léon-Joseph Suenens at Vatican II*, dans D. DONNELLY – J. FAMERÉE – M. LAMBERIGTS – K. SCHELKENS (éd.), *The Belgian Contribution to the Second Vatican Council* (Bibliotheca Ephemeridum Theologicarum Lovaniensium, 216), Leuven – Paris – Dudley, MA, 2008, p. 61-217, surtout p. 160-161.

modérateurs[4]. Quant à la première, Mgr Garrone fit remarquer que ces questions étaient traitées dans le schéma 17 et on put rapidement les enterrer. Quant à la seconde, les choses se passèrent de la sorte. Le card. Ottaviani donna la parole à Mgr Parente, qui nous raconta qu'il avait eu une audience ordinaire du Souverain Pontife, et puis qu'ensuite ils avaient parlé des affaires du concile[5]. À la suite de cette audience, il avait reçu une lettre où le pape demandait trois choses: que l'on imprimât et distribuât enfin le schéma sur la liberté religieuse. On ne savait pas très bien quelle était la compétence de la commission théologique à ce sujet; en tout cas, on nous dit que nous avions à donner notre avis. Le Saint-Père demanda donc deuxièmement qu'on accélérât les travaux de la commission théologique, qu'on siégeât plus souvent et même tous les jours si c'était nécessaire … qu' il voulait qu'on puisse arriver à la conclusion des débats au moins sur une question importante avant la fin de la session, de façon que le concile puisse prendre une position définitive.
Le cardinal Ottaviani nous fit remettre 6 questions comprenant les points essentiels du schéma qu'on pourrait discuter par priorité. Et sur lesquelles on pourrait se mettre d'accord dans un temps assez bref. Comme par hasard les 6 points, dont j'ai copie dans mes archives, contenaient les 3 premières propositions des modérateurs mais dans un sens Sirianiste [sic = de Siri] extrême. Heureusement, Mgr Charue, averti à l'avance par nos soins dans la voiture pendant qu'on le conduisait à la réunion, prit la parole et à trois reprises insista – voir mes notes – [et] demanda s'il ne vaudrait pas mieux attendre le vote proposé par les modérateurs puisqu'il avait été annoncé publiquement. Mgr Parente repartit: «Sed dilatum est», ce que le card. Ottaviani s'empressa de répéter avec force. Mgr Charue insista pour dire «scio tamen quod cito veniet». Ensuite, le card. Ottaviani se trouva un peu déconcerté, puis il répliqua: Quelle que soit la révérence des modérateurs [sic], c'est quand même notre droit à nous, commission théologique, de discuter de ces questions comme nous l'entendons: «vos estis judices», dit-il aux évêques. Mais Mgr Charue ne se laissait pas démonter, et insista une troisième fois: «cito veniet et fit cum acceptatione Summi Pontificis». Le card. Ottaviani alors commença une phrase pour dire que même le Souverain Pontife … puis, il s'arrêta. Et il enchaîna: Voulez-vous alors qu'on suspende la séance? Des voix s'entendirent de la réunion: oui, oui, bien sûr, pour clarifier la question et qu'on sache à quoi s'en tenir. Mais par le fait même cette question fut écartée, et comme il restait [sic: phrase incomplète] Mgr Philips venant inlassablement à la charge pour la

4. Pour ce texte, cf. F. Philips 925-926.
5. Cf. *Diarium Tromp*, 3/1, p. 225 et *A.S.*, V, II, p. 12-13 et *A.S.*, VI, I, p. 397, 401.

constitution des sous-commissions, le débat s'orienta sur ces sous-commissions et d'autres points et la manœuvre d'Ottaviani fut une fois de plus écartée.

Le lendemain matin mardi [29.10.1963], le vote fut annoncé. Et il n'y eut plus d'incidents. Cependant, à toutes fins utiles, et craignant une manœuvre de dernière minute, prévoyant une intervention possible d'Ottaviani protestant *in aula* et réclamant les droits de la commission théologique, nous avions avec le cardinal préparé une réponse, réponse qui consiste d'ailleurs à dire qu'on ne tiendrait pas compte, les dés étant jetés et le vote était sans plus aucun retard soumis à l'assemblée.
Inutile de dire la joie qui fut la nôtre lorsque nous apprîmes qu'enfin les questions étaient posées. Entre temps le cardinal lundi matin avait tenu son discours de commémoraison de Jean XXIII et il le fit très bien. Cela fut fort utile pour augmenter son prestige. Il fut grandement félicité même par l'ambassadeur de France qui lui fit transmettre ses compliments par l'ambassadeur de Belgique, par de nombreux cardinaux, évêques etc.[6].
Le mercredi [30.10.1963] eut lieu le vote avec l'énorme majorité qu'on sait. On rentra au collège contents et soulagés, comme la plupart de ....[des évêques?] le remarquaient: désormais le concile était sur la bonne voie.
Il y eut encore une réunion de la commission théologique[7] après le vote, le mercredi après-midi. Le card. Ottaviani était absent. On posa la question, quelqu'un de l'assemblée, je n'ai pas entendu: mais que deviennent les propositions qu'on nous avait faites au nom du card. Ottaviani à la dernière réunion? On répéta de reprise. «Cadunt». Elles tombent, elles sont désormais sans objet. Et on put alors procéder à la constitution des fameuses sous-commissions dont le projet avait été fait au collège par Mgr Philips, Moeller et moi-même.
Le mardi soir [29.10.1963] encore, il y eut réunion du conseil de présidence et de la commission de coordination et des modérateurs pour accélérer la procédure. En fait, au cours de cette réunion qui eut lieu avant le vote, il y avait une dernière tentative des cardinaux Siri et Ruffini pour empêcher le vote. Sur cette forme qu'on demandait de retarder le vote de deux, trois jours afin que les Pères aient le temps de réfléchir. Comme le P. Lio[8] m'avait dit ce matin in aula: «Come possono questi poveri vescovi

6. Pour ce discours de Suenens, cf. F. Suenens 1661 1678.

7. En fait, il y a eu une réunion des sous-commissions II et IV (cf. *Diarium Tromp*, 3/1, p. 249).

8. Ermenegildo Lio (1920-1992), franciscain italien, *peritus* conciliaire, consulteur du Saint-Office.

decidere in una mezza giornata di questioni tanto importanti». C'est le thème que défendait Siri à cette réunion. Mais il faut croire que les Pères en avaient assez. Le card. Tisserant lui-même fit remarquer qu'il y avait un mois qu'on parlait de la collégialité, que les Pères avaient eu tout le temps de se faire une opinion. Le card. Suenens répondit pour sa part que le texte était ce qu'il était, qu'il était impossible d'en faire un report, que quel que soit le texte qu'on présentât, il y aurait toujours à redire, que la majorité s'était prononcée et qu'on ne pouvait plus reculer. On procéda au vote; on fit même voter les secrétaires: à ¾ de majorité le vote fut décidé pour le lendemain sans plus de retard[9]. Le cardinal revint très content. Après, on étudia diverses possibilités, divers projets pour accélérer le déroulement des travaux. Celle de Frings notamment[10], difficilement acceptable, proposant de réduire les schémas à 6, etc. etc. On se mit d'accord sur une procédure plus simple: le cardinal défendait toujours auprès des autres modérateurs la nécessité, puisqu'un concile ne se fait qu'une fois par siècle, de le faire bien. Et plutôt quatre sessions que trois; trois c'est ce que voulaient le card. Frings et d'autres cardinaux. Mais le cardinal tient à ce que les choses se fassent bien; qu'on ait le temps d'examiner notamment le schéma des séminaires et la réforme des séminaires, projet qui lui tient à cœur. On décida aussi de recommencer immédiatement après les fêtes [la Toussaint] le débat *De Regimine Episcoporum*, tandis qu'on clôturerait le schéma *De Ecclesia* en laissant la faculté prévue par le Règlement: ceux qui parleraient au nom de plus de 5 évêques [pourraient] dire encore quelques mots, mots qu'on réduirait à 6 ou 8 minutes suivant les circonstances. Bref, après une dure bataille la saison s'achevait bien.
Les évêques retournaient [en Belgique, pour le week-end de la fête de la Toussaint] le jeudi soir, sauf les deux de Namur, Mgr de Liège, Mgr Schoenmaeckers[11] et Mgr Calewaert. Ces cinq derniers nommés à l'exception de Mgr Calewaert partirent pour Naples, le jeudi, et revinrent, le dimanche soir, contents, prêts pour la nouvelle session.

Le dimanche 10 novembre, j'allai donc chez le cardinal, il était parti chez les Frères, le mercredi avant, et je n'avais pas pu l'entendre immédiatement après l'audience des modérateurs, le jeudi suivant – 7 novembre. Le

9. Cf. *Processus verbalis*, *A.S.*, V, II, p. 14-15 où toutefois Fagiolo (minutante) a écrit que Tisserant a proposé d'attendre un jour avant le vote.

10. Cf. *A.S.*, V, II, p. 17-18.

11. Paul Constant Schoenmaeckers (1914-1986), évêque auxiliaire de Malines-Bruxelles de 1952 à sa mort.

secrétaire[12] m'avait dit que, dans la voiture, après son audience, le cardinal était très content, que le pape leur avait donné ou avait donné à lui dix projets à résoudre. Je pus avertir Mgr Philips que les affaires marchaient donc bien, malgré l'attaque d'Ottaviani[13], mais je n'avais pas des renseignements directs. Je les ai eus le dimanche suivant, quand je me rendis chez les Frères Via Aurelia où le cardinal me retint deux heures pour faire le point. Il me répéta ce que le secrétaire m'avait dit: tout semblait bien marcher avec le Saint-Père, mais qu'il y avait eu un nouvel accrochage avec la liberté religieuse, qui n'était toujours pas transmise pour impression par le secrétaire d'État. Il avait réclamé auprès du Saint-Père; le Saint-Père avait dit «Lei è sempre pessimista» et le cardinal avait répondu qu'il avait raison de l'être. Après quoi le Saint-Père le rassura. Parmi les projets qu'il avait reçus il me raconta donc le dimanche matin qu'il était notamment chargé de dresser une liste des pouvoirs qu'on pourrait dès l'instant reconnaître aux évêques suivant le désir du pape. Celui-ci ne voulait pas attendre la promulgation du schéma *De Episcopis* mais voulait le plus tôt possible reconnaître ces pouvoirs aux évêques. Le cardinal a fait remarquer au Saint-Père: Ne dites pas «concedere». Non, dit le Saint-Père, j'ai très bien compris: «ipso jure recognoscendi». Le Saint-Père lui demanda aussi de préparer un message aux prêtres. Il comprenait que le concile ne pouvait pas consacrer un nouveau chapitre *De Ecclesia* à ce sujet. Et le cardinal me demanda alors de m'adresser à Mgr De Smedt, d'avertir celui-ci donc pour qu'il préparât un projet pour ce message. Il l'avait demandé aussi – il me le dit à la suite – à Mgr Renard[14], l'évêque de Versailles et au nouveau prélat d'Irlande, Mgr Conway[15]. Mgr De Smedt, je l'ai appris dans la suite, proposait entre autres au cardinal une allusion délicate et discrète aux prêtres défroqués[16].

12. Albert Van de Ven (1916-2009), prêtre du diocèse de Malines-Bruxelles, inspecteur de l'enseignement secondaire technique catholique dans le diocèse de Malines-Bruxelles. Suenens l'avait pris à ses côtés comme secrétaire pendant la 2e session.

13. Le 8.11.1963, Ottaviani avait encore dit dans une intervention *in aula* que la commission théologique n'était pas liée par le vote des *Quinque Propositiones*.

14. Alexandre Renard (1906-1983), évêque de Versailles en 1957, archevêque de Lyon et cardinal en 1967, membre de la commission pour les sacrements.

15. William Conway (1913-1977), archevêque d'Armagh en 1963, cardinal en 1965.

16. Pour le projet de De Smedt, transmis par Suenens au pape, cf. *A.S.*, VI, II, p. 458-462. L'allusion aux prêtres qui avaient quitté le ministère se trouve à la fin de ce projet: «... nous ne voulons pas achever ce message sans adresser notre affection toute paternelle ... à ceux dont le sacerdoce est gravement blessé». Le 2.12.1963, les modérateurs décidèrent qu'on manquait de temps pour retravailler le texte durant cette session.

Autre point: la formule d'approbation des décrets. Le cardinal me confirma donc que le Saint-Père renonçait à «Ego, approbante Sacra Synodo» et me montra la formule élaborée par Colombo-Dossetti me priant de la transmettre aux théologiens pour avis. Nous la trouvions très bien. Je l'ai montrée à Mgr Cerfaux, Philips et le chan. Martimort qui tous étaient d'accord. Cependant, le jeudi 14, j'ai eu l'occasion de revoir Dossetti qui me présenta la même formule corrigée d'où le mot «confirmatur» est exclu. Et ceci avec raison, puisqu'on dit dans la formule que le consentement du pape avec celui des évêques formait l'acte synodal. Il était assez illogique de parler d'une confirmation, le Saint-Père ne pouvant pas se confirmer lui-même. Raisonnement que je trouvais très juste. Ce jour-là aussi Dossetti insista auprès de moi pour qu'on se ralliât au «consentire» au lieu de «assentire», étant donné que le «consentire» marque mieux l'acte collectif. «Consentire» [sic = assentire] pourrait signifier un consentement, venant du dehors. C'est juste mais on peut estimer que c'est peut-être un peu tiré par les cheveux vu le sens que les mots ont dans le langage courant. En tout cas, que ce soit la première ou la seconde formule, ça marque un progrès énorme vis-à-vis de la formule de Vatican I[17].

Le cardinal me montra aussi, ce jour-là, le télégramme de protestation que le patriarche Maximos et deux évêques orientaux [ont envoyé] pour l'attitude du card. Ottaviani et l'attaque contre le card. Frings *in aula*. J'ai appris dans la suite que le card. Döpfner répondit brièvement au cours d'une intervention du mardi suivant. Voir le texte dans les journaux, dans les actes du concile.

Le cardinal me demanda aussi deux notes; une pour préparer son intervention sur la limite d'âge[18]. Je la lui fis et insistai surtout sur l'idée de service … et si on n'est plus capable, il faut se démettre, et d'autre part vu l'accélération de l'histoire, la complexité des problèmes etc. etc. il est plus normal aujourd'hui que jadis, et vu le grand nombre d'évêques, que certains ne soient plus tout à fait à la hauteur de leur tâche. À cause de l'opposition des Orientaux à l'idée de démission, le cardinal n'alla pas jusqu'au bout, le mardi suivant *in aula*, de la logique. Bien qu'insistant pour que le concile fixât une limite d'âge, il ne demanda pas la démission mais simplement qu'on imposât un coadjuteur d'office avec des pouvoirs variés selon le cas. Les évêques belges, notamment Mgr van Zuylen, me dit après qu'il avait été un peu déçu par la conclusion qui ne correspondait pas tout à fait aux

17. Sur les interventions de Felici au sujet de la formule d'approbation, cf. *Diario Felici*, p. 358.

18. Pour la note de Prignon, cf. F. Suenens 1599.

prémisses mais c'était voulu pour les raisons susdites. Le cardinal me demanda aussi une autre note sur les raisons de faire encore 2 sessions pour le concile. Il me dit que le card. Döpfner insistant sur la fatigue des évêques, voulait qu'on supprimât tous les autres schémas à part l'œcuménisme, le *De Apostolatu laicorum*, qui devaient encore passer cette session-ci. Qu'on se contentât d'une dernière session: on voterait le schéma *De Ecclesia* et on discuterait le schéma 17; et peut-être aussi le *De Cura animarum*. On laisserait tomber *De Missionibus, De Seminariis* etc. Le cardinal n'était pas de tout de cet avis pour des raisons déjà indiquées. Je plaidai très fort auprès de lui pour deux sessions, ne voyant pas d'abord comment on pouvait avoir le temps matériel de terminer tout en une session, et d'autre part, il serait hautement regrettable qu'on n'ait pas l'occasion de discuter *in aula* les problèmes des séminaires, des universités, des missions, de l'exemption. Si on ne le fait pas, la curie romaine prendra toutes les mesures qui lui plaisent; on pourrait recommencer l'histoire de *Veterum sapientia*, et le concile n'aura pas porté ses fruits sur ces points. Dieu sait cependant combien de difficultés de ce concile-ci dépendent précisément de la formation reçue par les évêques au cours de leurs années d'étude. Ceci est spécialement vrai de la curie et des théologiens romains. Le cardinal était entièrement de cet avis. Je lui rédigeai donc une note en italien à sa demande, dont je garde copie dans mon dossier[19]. Je le quittai très optimiste. Au début de cet entretien, je lui avais raconté la visite de Martimort qui était venu chez moi le dimanche matin alerté par Medina. On me pria de transmettre d'urgence au cardinal une information plus ou moins secrète qui courait les rues: il y aurait eu la veille au soir une audience du pape à Ottaviani, Antoniutti et Siri. Qui auraient demandé une réparation publique *in aula* de l'attaque de Frings contre la curie[20], sous menace de quitter le concile. Je dois dire que la veille au soir *L'Osservatore Romano* avait bien publié une audience d'Antoniutti mais il n'était pas question d'Ottaviani et de Siri. Je dis au cardinal qu'il y avait probablement un fond de vrai dans cette histoire mais qu'il était possible aussi qu'on eût grossi les événements. En tout cas, cela n'impressionna pas très fort le cardinal, qui me dit: Tant mieux s'ils pouvaient partir, comme cela serait plus facile! Bien sûr, il disait cela en riant; il sait très bien qu'Ottaviani n'a nullement l'intention de quitter le concile. Mais c'est pour ça qu'il pouvait se permettre de souhaiter son départ comme un irréel.

19. Pour cette note, cf. F. Prignon 547 et F. Suenens 1394bis. Cf. Annexe III.
20. Intervention de Frings du 8.11.1963.

Martimort revint ce dimanche, à 4h., chercher la réponse et je la lui transmis. Il demanda alors à Bonet, juge de la Rote, de rédiger une note pour le cardinal sur les pouvoirs à conférer aux évêques ou à reconnaître aux évêques. Note que je transmis avec les remarques de Martimort, le mardi suivant, lorsque je suis allé le soir à la Via Aurelia.

Le lundi [11.11.1963], il y eut commission théologique, voir mes notes. Parce que je ne sais plus de mémoire de cette réunion [sic]. En tout cas ce fut la fameuse réunion où on discuta de la liberté religieuse avec le vote 18 [placet] contre 5[21]. Tout ça se trouve dans mon rapport écrit de la commission théologique.

Nous communiquions le résultat à Mgr De Smedt, qui était très content comme on peut bien le penser. Le lendemain il y eut réunion du Secrétariat [pour l'Unité] pour mettre les derniers points au rapport de Mgr De Smedt *in aula*. Rapport auquel j'avais travaillé le lundi et le mardi à la demande de l'évêque et puis y ont travaillé aussi Ch. Moeller et Mgr Philips[22], moi-même étant surchargé pour toutes sortes de causes à ce moment et n'ayant pas le temps de mettre les choses au point.

Pendant ce temps, ce dimanche-là, Mgr Philips préparait un texte *De Beata*. Espérons qu'il pourra être admis par les deux partis; un texte assez neutre comme il le dit lui-même mais très biblique, et certainement un texte dont les protestants diraient: puisqu'il en faut un, c'est le meilleur de tous, ou en tout cas le moins mauvais[23]. Au sujet du *De Beata*, on apprit dans la suite qu'il y eut plusieurs réunions de la commission König-Théas[24].

Le card. Ottaviani lors de la réunion de la commission théologique pour la liberté religieuse avait commencé en disant que le texte de base était le schéma Balić «aptandum»; ce qui nous rendait les choses à peu près impossibles. On apprenait entre temps que Butler[25] se ralliait au schéma Philips, les Espagnols aussi ...

Le vendredi suivant les Espagnols disaient à Mgr Philips qu'ils étaient d'accord avec son texte; qu'eux ils avaient fait «cento passi», que les Allemands en pouvaient bien faire cinq. Mgr Philips me dit que les Allemands étaient prêts à se rallier à son texte. La grosse difficulté c'était Balić appuyé par Parente, Ottaviani etc. Mais le vendredi suivant aussi Philips qui a attendu pendant trois quarts d'heure *in aula* que les évêques réunis entre eux pour

21. Selon le *Diarium Tromp*, 3/1, p. 277, il y avait aussi un vote blanc.
22. Pour les projets de cette Relatio, cf. F. De Smedt 861-867.
23. Pour ce texte, cf. F. Philips 1085 et F. Prignon 457.
24. Pierre Marie Théas (1894-1977), évêque de Lourdes de 1947 à 1970.
25. Christopher Butler (1902-1986), bénédictin anglais, abbé de Downside, évêque auxiliaire de Westminster en 1966, membre de la commission doctrinale.

la commission *De Beata* l'appellent [suivent cinq lignes incomplètes et incompréhensibles[26]].

Mgr Philips me répéta qu'il l'avait écrit précisément [son texte *De Beata*] pour n'avoir aucune chose de neuf [sic] de façon qu'il n'y ait ni vainqueur ni vaincu, et que chacun puisse trouver sa part.

Le jeudi matin, je rencontrai donc Dossetti *in aula* (le jeudi 14 novembre 1963) qui après m'avoir parlé du texte de la formule d'approbation, me dit aussi qu'il avait vu Rahner et Colombo au sujet de la collégialité, que la lutte était chaude à la sous-commission ce que je savais déjà par Philips, que Rahner tenait bon mais qu'il serait peut-être préférable de présenter deux versions à [sic: de] la commission *in aula*, une de la majorité et une de la minorité avec un texte fort et un texte faible. Je sais que Mgr Philips n'appréciait pas beaucoup cela mais je pense que dans les circonstances actuelles c'est encore ce qu'il y a de mieux. Dossetti me dit que Lercaro était d'accord, moi je savais que le card. Suenens l'était et j'avertis Mgr Philips.

Le mardi précédent (le 12, si je ne me trompe) il y aurait eu réunion de la commission de coordination[27]. Le cardinal me dit qu'on y perdit beaucoup de temps avec Ciriaci[28], qui bavarda sur des futilités, mais il y a eu un incident notable. Plusieurs cardinaux proposèrent de ne plus éditer qu'un seul droit canon commun en Orient et en Occident, et d'ajouter un appendice pour les choses qui sont spéciales à l'Orient. Seul le card. Suenens rejeta cette proposition au nom de l'œcuménisme. Malheureusement il ne fut pas fort suivi. On m'a dit que Döpfner ne semble pas avoir bien compris et, comme souvent, Döpfner est pris par ses propres problèmes et il n'est pas un partenaire facile. Tout en approuvant sur le fond, il ne soutient pas suffisamment dans les débats surtout quand il s'agit de faire passer quelque chose à Agagianian. Ici encore, Döpfner semblait ne pas comprendre l'importance de cette intervention. Le cardinal était un peu déçu. Il me mit au courant le lendemain et me demanda donc de faire avertir le Patriarche Maximos et Mgr Edelby; ce que je fis par l'intermédiaire de Mr Thils afin que lors de la discussion du schéma *De Oecumenismo* il

26. Pour les vicissitudes du texte *De Beata* pendant ces semaines, cf. C. ANTONELLI, *Il dibattito su Maria nel Concilio Vaticano II*, Padova, 2009, p. 332-384.

27. Le 12.11.1963, il n'y a pas eu une réunion de la commission de coordination, mais bien une réunion de cardinaux où l'on a discuté du droit canonique.

28. Pietro Ciriaci (1885-1966), cardinal en 1953, préfet de la Congrégation pour le Concile en 1954, président de la *Commissio de disciplina cleri et populi christiani*.

puisse, étant prévenu de ce qui pouvait se tramer, prendre la défense du droit canon oriental.

Le jeudi soir, il y eut réunion des modérateurs qui dura assez longtemps[29]. J'ai vu le cardinal à son retour qui était assez fatigué. Il ne s'y passa pas grand-chose. Avant la réunion des quatre il y avait une réunion des trois entre eux. Et à cette réunion, Döpfner semblait maintenant avoir compris l'importance d'une discussion *in aula* pour les problèmes des études, séminaires et universités etc. au moins une discussion générale afin qu'on puisse avoir un vote permettant éventuellement de rejeter le schéma. Même sans une discussion sur les points particuliers, si on pouvait rejeter ce schéma vraiment mauvais ce serait très intéressant. Et il semble que Döpfner commence à se rallier à la thèse des quatre sessions. Encore un. Au sujet des conférences épiscopales, Döpfner n'était pas d'accord avec Frings, trouvant que l'intervention de Frings *in aula* le matin ou la veille était surtout commandée par le fait que Frings était tout puissant en Allemagne, et que c'était lui qui dirigeait la conférence épiscopale et qu'il n'avait nullement l'intention de voir changer le régime parce que ça diminuerait ses attributions, son autorité ou je ne sais pas quoi mais qu'en tout cas l'intervention de Frings était inconsciemment plus due à des motifs personnels qu'à une étude approfondie de la question[30].

J'avais oublié, notons aussi, la réunion de la commission des études où Mgr Daem tint tête à Staffa, d'où il est revenu d'ailleurs, m'a-t-il dit, dégonflé: «il m'a écœuré de voir combien cet homme était primaire et dictateur». Lui aussi, Mgr Daem, souhaite que le schéma soit purement et simplement rejeté et ....

J'ai reçu cette semaine [10-16.11.1963] trois fois la visite de Medina. Il m'a porté les papiers contre la présidence de la commission théologique, et celui contre le Saint-Office[31] ... à dix heures et demie du soir assez fort pessimiste et excité. Quant au premier papier ... on se demanda si on arriverait à le faire signer par les évêques et, finalement, je le donnerais au cardinal afin qu'éventuellement, il le puisse montrer au Saint-Père en disant: «Saint-Père, voilà où en sont les évêques; ils sont très mécontents; ils ont l'intention de vous envoyer cette lettre». Le cardinal insiste beaucoup auprès de

29. Selon les *A.S.*, V, III, p. 711-712, il y eut une réunion des modérateurs le samedi 9.11.1963 et le mardi 19.11.1963.

30. Cf. intervention de Frings *in aula*, le 13.11.1963, qui avait mis en garde contre des statuts juridiques des conférences épiscopales.

31. Pour ces lettres, cf. F. Suenens 1434-1436. Les archives de Medina démontrent son activité dans cette question. Voir S. Arenas, *Inventario de los Archivos Conciliares Chilenos. Volumen I. Archivo Medina – Archivo Larraín*, Santiago de Chile, s.d. [2019], n. 898-929.

tous les évêques qu'il voit pour qu'ils écrivent au pape pour dire leur mécontentement devant l'attitude des responsables de la commission théologique, le retard dans les travaux etc.

Le gros problème en cours, c'est d'obtenir pour la 3e session le remplacement des commissions conciliaires. Les modérateurs en ont parlé entre eux trois; ils allaient à la prochaine audience avec le Saint-Père tâter le terrain pour voir si c'est possible. Ils se demandaient même si on ne proposerait pas un vote *in aula* à ce sujet. Mais la question n'est pas encore mûre, on verra. En tout cas, le cardinal ne cesse de répéter aux évêques qu'il rencontre et aux conférences épiscopales: mettez-vous d'accord, et écrivez, de grâce, au Saint-Père à ce sujet. Il a d'ailleurs reçu, transmises par le pape, 4 lettres venues de conférences, ce qui, me dit-il hier soir jeudi, lui permettra au moins de donner son avis et de se rendre compte de la mentalité du pape.

Pour mémoire, je note encore ce qu'il me dit chaque fois au sujet de Lercaro avec qui il s'entend très, très bien mais un peu subtil; Döpfner d'accord pour le fond mais des difficultés dans les manœuvres; Agagianian qui semble passé complètement de l'autre côté, que, parfois, il joue honnêtement le jeu, mais renseigne en tout cas l'autre parti. On a de plus en plus l'impression aussi que le cardinal Cicognani, cela m'a été dit par Arrighi[32] et par Martimort et je le savais aussi par ce que le cardinal me raconte, est carrément passé à l'extrême droite. Arrighi est venu dîner le jeudi avec l'archevêque de Marseille[33], l'ancien archevêque d'Alger, Mgr Duval[34], l'évêque de Belley[35] et un autre évêque dont je n'ai pas retenu le nom, et il me confirma la chose. Il me raconta que, ce jour-là donc, il a enfin reçu la lettre du secrétaire d'État et le secrétaire du concile [la permission pour].... l'impression du *De Libertate religiosa.* Et il me remercia des efforts de l'an passé; il me demanda de remercier chaudement le card. Suenens, me disant qu'il avait dit au Secrétariat qu'ils devaient se rendre compte que, sans le card. Suenens, la chose ne serait jamais passée. Encore, en sortant de ce dîner, peut-être un peu par amitié bienveillante, par politesse d'hôte et aussi parce que la chaleur l'emporta, l'évêque de Belley disait aux évêques:

32. Jean François Arrighi (1918-1998), prêtre français, sous-secrétaire pour la section occidentale du Secrétariat pour l'Unité, *peritus* conciliaire, évêque titulaire de Vico Equense en 1985.

33. Marc Armand Lallier (1906-1988), 1949, évêque de Nancy, 1956, archevêque de Marseille, de 1966 à 1980 archevêque de Besançon.

34. Léon-Étienne Duval (1903-1996), évêque de Constantine et Hippo en1946, archevêque d'Alger de 1954 à 1988, cardinal en 1965. Prignon se trompe donc en parlant de l'*ancien* archevêque.

35. René Fourrey (1901-1982), évêque de Belley de 1955 à 1975.

«Vous savez la définition d'un concile œcuménique?» «Non». «Et bien, c'est un concile belge qui se tient à Rome avec l'appui de l'épiscopat du monde entier». Et auparavant par allusion aux tristes histoires de Saigon[36], on avait défini les 12 cardinaux de la présidence: les douze bonzes qui ne veulent pas se suicider. Ceci pour la petite histoire.

[suit une page avec des phrases incomplètes et peu intelligibles]

Et cette semaine le mercredi le pasteur Thurian[37] de Taizé vint faire une conférence aux évêques sur la semaine de Montréal[38] et ils en furent très contents. Quinze jours auparavant Hans Küng[39] était venu parler de problèmes actuels et cela avait été plus difficile, notamment ses idées sur l'eucharistie, le sacrement de l'ordre avaient soulevé quelques réactions de la part de nos évêques.

Ce mercredi 14 ou treize novembre [en fait, le 13.11.1963], le cardinal me dit aussi qu'il avait l'intention – il en avait déjà parlé à l'un ou l'autre confrère modérateur – de protester *in aula* contre l'interview accordée par Ottaviani à une agence, et qui fut reprise par *Il Tempo*. Mais le lendemain, lors de la réunion des modérateurs, il me dit qu'il avait des hésitations sur la façon de faire; et aujourd'hui vendredi, avant de partir pour la séance, j'ai demandé au cardinal, et il m'a dit: «Ce qu'il faudrait faire, c'est que les évêques eux-mêmes prennent la défense des modérateurs, parce qu'Agagianian n'ose pas faire cela etc. etc.» En tout cas, quand ils sont revenus de la réunion ce midi, les évêques ont dit qu'il n'y avait rien eu. Il est probable que les autres modérateurs n'ont pas été d'accord … Peut-être aussi que certains ont fait remarquer qu'après tout, cela ne valait pas la peine. Ce serait dommage qu'il n'y ait rien. Parce que les gens de l'autre côté se permettent absolument tout. Si jamais cela avait été un cardinal de notre bord qui avait fait une telle interview, Ottaviani aurait jeté tonnerres et éclairs. Et nous, vraiment, on n'ose pas assez …

36. Pendant la guerre du Vietnam, plusieurs bonzes s'étaient suicidés à Saigon.

37. Max Thurian (1921-1996), suisse, frère et un des fondateurs de la Communauté de Taizé, hôte du Secrétariat pour l'Unité, converti au catholicisme et ordonné prêtre en 1987.

38. 4e Conférence mondiale de «Foi et Constitution» qui a eu lieu à Montréal du 12 au 26.7.1963.

39. Hans Küng (1928-), prêtre suisse, professeur de théologie dogmatique à Tubingue, *peritus* conciliaire.

Vendredi 15 novembre, onze heures du soir. Le cardinal est revenu de la séance avec le pape, les présidents et la commission de coordination et les modérateurs pour fixer le programme du concile[40]. Il m'a raconté les événements. Hier, au soir, ils avaient eu une réunion à trois et ils avaient envisagé les moyens pour lancer une grande offensive pour le renouvellement des commissions. Le cardinal Lercaro avait préparé une lettre pour le Saint-Père. Je n'ai pas très bien compris quelles étaient les circonstances. Et il eut une assez longue audience. Il lut au Saint-Père la lettre qu'il avait voulu lui envoyer; il n'avait eu le temps de la faire signer par les deux autres modérateurs mais en supposant ... leur approbation, où il exposait les difficultés et les griefs de ceux-ci et où il attaqua la question des commissions. Mais le Saint-Père écouta tout ce que le cardinal lui raconta des difficultés des modérateurs sans dire un mot. Lorsque Lercaro attaqua la question des commissions, le Saint-Père répondit: «Hoc esset subversivum». Il n'y avait pas de raisons de changer Ottaviani; oui, s'il avait commis un crime public mais dans la situation actuelle, je ne vois pas comment je pourrais le faire. Et d'ailleurs il me faudrait aussi changer les modérateurs». À quoi Lercaro répondit: «Mais Saint-Père, allez-y. Nous sommes prêts nous autres». Mais il s'est bien rendu compte que le Saint-Père ne marchait pas. Alors, voyant qu'il n'y avait rien à faire, il lui demanda au moins pour la réunion de ce soir qu'on n'attaque pas les problèmes cruciaux vu l'atmosphère dans laquelle elle allait se dérouler. Ceci se passa donc avant la séance de ce vendredi matin [sic=soir][41].

Le soir donc, le cardinal avait lâché [?sic] le Saint-Père avec les autres, et voici ce qu'il me raconta. Une réunion assez décourageante. Il y avait 4 points à l'ordre du jour. En fait, dès que Cicognani prit la parole après Tisserant, il commença à parler de tout en mélangeant tous les problèmes dans un désordre absolu. Chacun à son tour donc exprima ce qu'il avait à dire mais sans tenir compte des points prévus. La plupart s'exprimant dans le sens d'une seule session assez longue pour tout terminer. Seul le cardinal Meyer[42], avant Suenens, plaida pour qu'au moins on laisse la porte ouverte et qu'on ne fixe pas dès maintenant une troisième session seulement. Le cardinal Alfrink plaida pour trois sessions, mais à condition de

40. Pour le *Processus verbalis*, cf. *A.S.*, V, II, p. 25-29. Ce texte, rédigé par Fagiolo et Carbone, est parfois assez différent du rapport que Suenens fait à Prignon.

41. Dans *Mémoires Suenens*, p. 38-39, Suenens raconte la même épisode, mais situe à tort cette audience de Lercaro avant le 23.10.1963. Cf. aussi 'Journal A. Nicora' in G. ALBERIGO, *Pour la Jeunesse du christianisme. Le concile Vatican II*, Paris, 2005, p. 93.

42. Albert Gregory Meyer (1903-1965), archevêque de Chicago en 1958, cardinal en 1960, membre du conseil de présidence.

faire une très longue session de septembre à février. Mais tout le monde .... Et déclara que c'était impossible. ...[La réunion?] ... avait commencé, j'ai oublié de le dire, par un rapport du cardinal Lercaro[43], montrant ce qu'on avait fait jusqu'ici, beaucoup ce qui ne paraissait pas à première vue. Rapport qui surprit et qui étonna et qui eut de chaudes approbations de la part des cardinaux. Le cardinal Suenens parlait le dernier. Il me dit qu'il parla en français avec parfois assez de passion. Mais qu'il s'est trouvé souvent seul. Il plaida donc pour qu'on ne sabotât pas le concile, qu'on n'allât pas trop vite. Il me dit, entre parenthèses, que Ruffini là avait dit aussi la même chose. Ruffini était plutôt d'accord pour qu'on fît les choses bien. Quoiqu'il en soit, le cardinal demanda qu'on pût au moins discuter les principes généraux des petits schémas, qu'on ne laissât pas le soin à la commission juridique [la commission pour la réforme du droit canon] ou la commission conciliaire de préparer un texte sans avoir eu l'avis des Pères du concile. Il plaida pour qu'on instaurât dès maintenant des commissions postconciliaires compétentes pour les sujets ad hoc. Il plaida pour qu'on terminât au moins cette session-ci en décrétant, en faisant discuter, voter et confirmer le schéma sur l'œcuménisme ... et qu'on ne terminât pas la session sur ce pauvre schéma sur les moyens de communication sociale qui vraiment était peu digne de la richesse du concile. Et sur ce point, il semble avoir fait impression en disant que le Secrétariat [pour l'Unité] était prêt et avait promis de travailler jour et nuit [cette dernière phrase se rapporte au schéma sur l'œcuménisme].
Il n'avait pas [été] question du remplacement des commissions conciliaires. Pour la prochaine session ou ... pour une session allant du 8 septembre à fin novembre. Et puis on verra. Somme toute aucune décision n'a été prise. Le Saint-Père n'a presque rien dit. Il a laissé parler tout le monde. À la fin il remercia tous et chacun. Il leur dit: «Vous voyez, j'ai pris note de tout ce que vous avez dit. Et nous allons réfléchir avec la secrétairerie» ... le cardinal était assez déçu. Il n'y avait pas un mot spécial pour les modérateurs, et, en parlant des décisions futures, il ne mentionna que la secrétairerie et pas les modérateurs. Mais il me dit que ce n'était pas une prise de position du pape contre eux. Mais que ... le Saint-Père ne s'est pas rendu parfaitement compte de quoi il s'agissait, qu'il était du reste ... qu'il avait été seul toute sa vie, et qu'il lui fallait du temps pour assimiler tout ce que le concile apporta de neuf.

43. Cf. *A.S.*, V, II, p. 29-33.

Le cardinal se rend compte aussi qu'à Rome il faut dix jours pour ce que ailleurs on ferait en un jour. Il faut du temps pour laisser mûrir tout cela. Il ne l'avait jamais aussi bien vu jusqu'à présent. Tous ont été aimables, dit-il, pour les modérateurs sauf Siri qui fut vraiment grossier. Et s'ils avaient voulu répondre, c'était la bagarre. Sous couleur de faire des propositions pour hâter, pour accélérer les débats, Siri fit surtout la critique des quatre derniers votes et de l'ensemble des modérateurs et leurs procédés. Ce qui ne trompa personne. Il a vraiment été grossier, désagréable et méchant, me dit le cardinal[44]. Le dernier de tous parla Felici qui, outre quelques points pratiques, des modifications possibles au règlement, profita de son intervention pour faire une critique larvée aussi des modérateurs. Et à sa stupéfaction et à sa tristesse, quand tout le monde eut fini de parler, Agagianian redemanda la parole pour remercier le secrétariat [du concile] qui travaillait très bien, mais en des termes tout de même qui impliquaient un certain dam pour ses confrères [modérateurs][45].

Au reste, sans être découragé, le cardinal se rend compte que la partie sera beaucoup plus dure et beaucoup plus longue qu'il ne pensait au début. Il faudra que toute l'Église agisse petit à petit afin d'amener le Saint-Père à se rendre compte que les réformes sont urgentes, dans l'esprit que nous savons tous. D'autre part, sur ma question formelle, s'il y aurait un conseil autour du pape, il m'a répondu oui. Que, sur ce point, il semblait bien que le pape serait décidé à passer à l'action mais qu'il agirait lui-même. Je lui ai demandé aussi si on pourrait encore présenter des votes à l'assemblée. Il m'a dit qu'il ne le pensait pas. Après ce qui s'était passé, que l'atmosphère était tellement défavorable qu'il valait peut-être mieux, pour l'instant, laisser les affaires et obtenir surtout que l'on puisse discuter et voter le schéma sur l'œcuménisme, y compris la liberté religieuse.

Le cardinal me dit aussi cependant qu'en général, dans la réunion, on ne s'était pas rangé gauche contre droite; chacun a dit ce qu'il pensait, les uns avaient beaucoup de bon sens comme Confalonieri, un peu long etc. Que, sauf Siri et le secrétaire du concile, il n'y avait pas eu de véritable opposition gauche-droite.

Comme autre nouvelle, Mgr Philips dit ce soir qu'il est convoqué à une réunion des supérieurs majeurs des ordres généraux [sic] à propos du chapitre IV du *De Ecclesia*. On va parler de la question de la scission du

44. Le *Processus verbalis* ne mentionne aucune intervention de Siri.

45. Une fois de plus on peut constater ici les divergences de vue entre Agagianian et les trois autres modérateurs (qui s'appelaient les 3 Synoptiqus).

chapitre et il fera son possible pour convaincre les supérieurs de ne pas réclamer cette scission[46].
Moeller me raconte aussi la scène à la sous-commission (de la commission doctrinale), à l'*anticamera* [un local du Collège belge]. Franić[47] à propos du diaconat sur une intervention du P. Smulders s.j.[48], Smulders accusant d'*anxietas timida* les Pères qui refusent d'approuver le diaconat, ce qui a déclenché une colère de Mgr Franić disant: il est facile d'accuser les vieux, les réalistes, ceux qui portent des responsabilités etc.[49].
Il y aura mardi une réunion sur la collégialité de cette commission. Il a vu Parente, Moeller lui a demandé s'il pouvait assister à cette réunion. Parente était d'accord … Je l'ai fortement encouragé.
À propos du schéma sur les moyens de communication, j'ai oublié de dire, il a donc été voté hier [14.11.1963] en première lecture; on avait décidé … La veille au soir au téléphone donc, … à 10 h. du soir, puis Mgr Villot[50] etc. et d'accord avec Döpfner, le cardinal avait promis de s'employer à faire reculer le vote, tellement le schéma est pauvre. Mais avant la réunion, malheureusement, les modérateurs pendant la messe ont conféré et il s'est fait que Döpfner en voyant passer le card. Cento et encore l'un ou l'autre, a demandé leur avis. Et bien qu'ils aient pu avant cela avoir l'accord d'Agagianian, lorsque les autres ont plaidé, Cento se retourna et finalement la majorité des cardinaux présents décidèrent de faire voter tout de même le schéma. Pour en sortir le cardinal proposa que l'on refît la semaine prochaine un second vote sur l'ensemble permettant des *iuxta modum* afin d'essayer tout de même de corriger la pauvreté du texte. Malheureusement au vote il n'y a eu que 80 contre, si mes souvenirs sont exacts, et quelque 200 ou 300 de *iuxta modum*, beaucoup moins que ce qu'on pouvait espérer[51]. Ce qui ne semble pas laisser beaucoup d'espoir. Il semble bien que les Pères soient fatigués et veulent absolument … pour obtenir que ce schéma soit voté.

46. Cf. la note de Philips du 14.10.1963 (F. Philips 1040 et 1041 et F. Prignon 447). Cf. Annexe IV.

47. Frane Franić (1912-2007), évêque de Split-Makarska de 1960 à 1988, membre de la commission doctrinale.

48. Pieter Smulders (1911-2000), jésuite néerlandais, *peritus* conciliaire.

49. Smulders dans son Journal (non édité mais transcrit par Jared Wicks s.j., Conciliedagboek, Bandje III, p. 1, 14.11.1963) relate cet incident avec Franić.

50. Jean Villot (1905-1979), archevêque-coadjuteur de Lyon en 1959, sous-secrétaire du concile, cardinal en 1965, secrétaire d'État en 1969.

51. En fait, le 14.11.1963 il y a eu deux votes: sur le *Prooemium* et le 1er chapitre: 1.832 placet, 92 *non placet*, et 243 *placet iuxta modum;* sur le 2e chapitre: 1893 *placet*, 103 *non placet*, et 125 *placet iuxta modum.*

Bande magnétique de Prignon relatant des faits du 19 au 23 avril 1964

[Ces Notes ont été enregistrées par Prignon sur bande magnétique et ont été dactylographiées par L. Declerck. F. Prignon 823-826.]

Jeudi 16 avril 1964: Réunion de la commission de coordination[1]

Cette réunion a duré très longtemps, plus longtemps que toutes les autres. Le cardinal est rentré au collège seulement après 8h.30 du soir. Et immédiatement il me raconte les événements en présence de Mgr van Zuylen, arrivé le jour même pour la réunion de la commission de la liturgie[2].

On a commencé la réunion par le *De Ecclesia*. Il se fait que pour cette fois le card. Suenens n'était pas rapporteur. Il y avait eu en effet un malentendu. À cause de son voyage en Amérique[3], lorsqu'on a fixé la date de la réunion de la commission, il n'était pas certain de pouvoir être à Rome et on avait désigné le cardinal Agagianian pour se substituer à lui. En commençant la réunion, le card. Agagianian a d'ailleurs mis les choses au point et a déclaré que c'était au fond accidentellement qu'il était rapporteur et que ceci n'engageait rien pour l'avenir; que le card. Suenens resterait rapporteur du *De Ecclesia* pour les autres sessions de la commission de coordination. Ce rapport n'a duré que quelques minutes et il concluait à un *placet* général étant bien entendu que ce qui était déjà discuté en commission serait présenté comme tel au concile et que les chapitres, qui n'étaient pas encore discutés, comme le *De Beata* pour le détail et le *De consummatione sanctitatis*, c'est-à-dire *De Sanctis* pour l'ensemble, devraient l'être à la session. Et en tout cas revus par la commission.

Toutefois, il proposait pour ces deux derniers chapitres qu'on extraie du texte quelques propositions essentielles sur lesquelles on ferait discuter le concile. Le card. Suenens réagit, disant que cette proposition était

1. Pour les documents officiels et le rapport de cette réunion de la commission de coordination, cf. *A.S.*, V, II, p. 175-517.

2. Il s'agit du *Consilium ad exsequendam Constitutionem de Sacra Liturgia*.

3. En fait, Suenens s'est rendu aux États-Unis en mai 1964. Cf. Catalogue des Archives personnelles du Cardinal L. J. Suenens, p. 50-51.

acceptable pour des textes purement pastoraux mais était difficilement admissible pour des textes dogmatiques; qu'il lui semblait que ces textes devaient être discutés ligne par ligne comme on a fait toujours. Ce qui a été admis. On croyait donc la discussion sur le *De Ecclesia* terminée lorsque le card. Cicognani a pris la parole et s'est livré à une attaque fantastique, me dit le cardinal, au sujet de la collégialité, considérant presque cela comme une hérésie et prétendant que Rome ne pouvait pas en conscience envoyer le schéma aux évêques avec les numéros tels qu'ils avaient été votés par la commission. Réaction immédiate et violente de la part de tous les cardinaux présents y compris le card. Agagianian. Les uns objectaient l'unanimité des votes à la commission théologique. À quoi Cicognani répondit qu'il n'y avait pas d'unanimité parce que le card. Browne avait voté contre la collégialité. Et comme on lui faisait remarquer que le card. Ottaviani, président, l'avait accepté, il répondit qu'après la réunion de la commission théologique, le card. Ottaviani avait envoyé une lettre pour rétracter son vote[4]. Toutefois le card. Cicognani a fait tellement de confusions au sujet des noms, des faits et des événements qu'une fois très certainement Felici a dû l'interrompre pour lui signaler que ce n'était pas le card. Ottaviani mais le card. Browne qui avait écrit une lettre, je ne sais pas laquelle – est-ce la même ou une autre, le cardinal ne savait pas – le cardinal me dit qu'il n'oserait pas assurer en conscience que Cicognani avait affirmé que le card. Ottaviani avait écrit cette lettre de rétractation. Il se pourrait bien qu'elle fut du card. Browne. Le cardinal n'était pas certain. Mais ceci montre à quel point – pour employer une expression assez vulgaire – le card. Cicognani semble avoir perdu les pédales.

Malgré l'opposition unanime des cardinaux, le card. Cicognani maintenait son point de vue. Döpfner alors a fait une proposition de transaction: le texte serait envoyé tel quel aux évêques mais on désignerait au concile deux rapporteurs qui avant le vote sur la collégialité exposeraient le pour et le contre. Le second étant le représentant de la minorité même si celle-ci s'est réduite qu'à 1 ou 2 pourcent. À ce sujet, le card. Lercaro, dans une conversation privée avec le card. Suenens, lui a rapporté qu'en envoyant le schéma aux évêques italiens, on avait l'intention d'y joindre une lettre du card. Browne mettant les évêques italiens en garde et attirant spécialement leur attention sur la collégialité comme étant une doctrine dangereuse, sinon hérétique. À ce sujet aussi le card. Suenens demanda au card. Lercaro si Siri est vraiment malade comme on l'a dit à la réunion de l'épiscopat italien, la

4. Le 6.3.1964, Ottaviani avait voté le texte sur la collégialité (cf. *Carnets Charue*, p. 162). Par après Ottaviani n'a pas envoyé de lettre au pape mais il lui a dit oralement son désaccord, le 3.4.1964. Cf. *Diario Felici*, p. 380.

première conférence épiscopale italienne proprement dite. À quoi Lercaro répondit que Siri était vraiment malade; il est de fait tombé évanoui en distribuant la communion. Il semble qu'il ait des troubles d'équilibre interne, physiologiques bien sûr, pas psychiques mais qu'il était aussi psychologiquement malade parce que beaucoup de mesures prises par le pape Paul VI représentent l'écroulement des idées et des rêves du card. Siri. Et que celui-ci ne comprenait plus rien; il a vraiment l'impression que l'Église est en danger.

Entre temps le cardinal ajouta que Lercaro a fait des propositions à la conférence épiscopale italienne sur la liturgie. Des propositions très prudentes et minimales pour l'adoption de la langue vernaculaire et qu'il était assez inquiet sur le résultat. Cependant, on lui apporta en cours de la séance les résultats du vote, qui était extrêmement favorable au point de vue élargissement. Une majorité, normalement autour des trois quarts des évêques, était pour les mesures libératrices.

Vu la confusion qui règne toujours à la commission de coordination, le cardinal Suenens nous a répété qu'il ne savait pas ce que finalement les deux secrétaires *minutanti* allaient consigner dans leur rapport et qu'il ne serait pas étonné que ce rapport soit tel, qu'il n'apparaisse pas que l'unanimité des cardinaux s'était faite contre le card. Cicognani. On verra bien[5]. Il a l'intention de raconter la chose au Saint-Père et de lui montrer à quel point est arrivé son secrétaire d'État[6].

On passe ensuite au schéma *De Episcopis*. Sur la proposition de Döpfner, la commission de coordination refusa que soit envoyé en même temps que le texte les objections de Carli[7]. Celui-ci avait demandé à les présenter à la commission de coordination, ce qui fut fait mais la commission de coordination refuse de les envoyer officiellement. Ces remarques de Carli seront transmises aux évêques [pour] avis avec les autres amendements proposés

5. Pour ce rapport rédigé par V. Carbone et V. Fagiolo, cf. *Processus verbalis*, *A.S.*, V, II, p. 289-293. Ces rapports n'étaient d'ailleurs jamais approuvés au début de la réunion suivante de la commission. Le rapport mentionne toutefois (p. 291) que le schéma sera envoyé aux évêques, ce qui n'a pas été le cas, puisque le chapitre III (*De Hierarchia*) a encore été modifié en juin 1964. Si les critiques de Suenens sur les rapporteurs sont souvent fondées, il faut aussi remarquer que Suenens lui-même n'était pas toujours un rapporteur impartial et précis.

6. Il faut aussi remarquer que le pape lui-même avait des objections contre le texte du chap. III. Ainsi un groupe restreint a été composé et a rédigé les 13 *Suggerimenti* (cf. *A.S.*, VI, III, p. 166 et 184-185) qui ont été envoyés par Felici à Ottaviani, le 19.5.1964. Voir aussi *Diario Felici*, 6-15.5.1964, p. 391-392.

7. Pour ce texte de Carli, *In schema Decreti De pastorali Episcoporum munere in Ecclesia emendationes propositae ab Aloisio M. Carli, ep. Signino*, cf. *A.S.*, V, II, p. 188-191.

par les autres Pères conciliaires. On refuse de leur donner un tour de faveur et de les envoyer comme si la commission de coordination leur accordait une importance spéciale. On fit remarquer aussi pour le reste que le schéma *De Episcopis* n'étant que la conséquence du schéma *De Ecclesia* la solution à apporter aux problèmes de l'adaptation juridique de la collégialité et de la sacramentalité devait suivre les décisions prises par le concile au sujet du *De Ecclesia*. Qu'il n'y avait pas lieu ici non plus d'ajouter une lettre spéciale de la commission de coordination à ce sujet.

Le card. Cicognani fit ensuite un rapport très confus sur le *De Oecumenismo* revenant sur les points qui avaient déjà été discutés au concile et qui supposaient que le texte avait été approuvé par les Pères, au moins comme base générale de discussion. On ne comprend pas pourquoi il a fait cela et malgré les interventions des cardinaux, faisant remarquer qu'on n'avait pas à intervenir sur le fond des doctrines mais seulement sur leur coordination, il a continué à faire des remarques sur tous les points qui n'étaient pas pertinentes. Au sujet des Juifs il a fait état des difficultés actuelles venant des états arabes allant jusqu'à menacer la rupture avec le Saint-Siège si on votait le texte sur les Juifs. Tenant compte de ces considérations, les cardinaux décidèrent de demander au card. Bea de revoir le texte sur les Juifs et de l'intégrer dans un contexte plus large notamment celui de l'opposition de l'Église à tous les racismes quelconques, mais qu'il fallait en tout cas maintenir un texte sur les Juifs[8]. À propos de la liberté religieuse, Cicognani trouvait qu'elle n'était pas à sa place dans le *De Oecumenismo* et qu'on pouvait l'introduire dans le *De Ecclesia*. Contre quoi protesta le card. Suenens. Puis on chercha une autre place et finalement on se rallia à la proposition de Suenens de faire du texte sur les Juifs et sur la liberté religieuse non pas deux appendices parce que le mot est péjoratif, mais deux déclarations à part du concile. Cela leur donnerait plus de poids.

Pour les Églises orientales, le card. Cicognani recommença un rapport très confus insistant sur une série de détails etc. faisant remarquer qu'il y avait des choses qui ne convenaient pas à l'Église latine. Un autre cardinal, j'ai oublié qui c'est, peut-être Döpfner, fit remarquer qu'il fallait faire très attention et qu'il ne fallait pas de nouveau, nous Latins, ne pas accepter des choses qui convenaient aux Orientaux parce qu'elles ne nous convenaient pas ou imposer notre point de vue mais ... Là-dessus Suenens ajouta la proposition qu'on demande aux Orientaux, sur les points qui semblent

8. Le *Processus verbalis*, *A.S.*, V, II, p. 292-293 ne dit mot sur la question du déicide. Toutefois dans la lettre du 18.4.1964 que Cicognani envoie à Bea, il dit que la commission de coordination a décidé qu'on ne peut pas parler du déicide (cf. *A.S.*, V, II, p. 479). Cette suppression a encore été cause de débats à la 3e session.

discutables, de donner leur avis et qu'on adopte la proposition suivante: *si placet vobis, placet etiam nobis*. À vous de voir si ces choses sont acceptables: nous nous rallions à votre avis. Et on accepta ce point de vue.
Il faudra que je demande demain au cardinal: il se peut que ce ne soit pas le card. Cicognani qui ait fait le rapport sur l'œcuménisme mais qu'il a fait uniquement celui sur les Églises de l'Orient. Il faudra donc vérifier ce point[9].
Pour autant que je me souvienne, on n'a pas discuté d'autres schémas et il y aura une autre réunion demain. On voulait encore en faire une samedi soir, mais le card. Suenens devant rentrer en Belgique à cause de la situation de la grève des médecins[10] etc. et son prochain voyage en Amérique, a demandé qu'on avance la réunion de demain, qu'on commence à 5h. au lieu de 5h.30 et qu'on tâche de finir. Il semble d'ailleurs que les autres points en discussion ne demanderont pas tellement de temps. Ce qui a fort retardé ici, c'est évidemment la discussion au sujet de la collégialité. En cours d'exposé le cardinal a rappelé la fameuse discussion du conseil de tous les organes du concile (modérateurs, commission de coordination, conseil de présidence) au sujet des 5 Propositions[11], réunion où ils avaient fini par avoir je crois une majorité mais ils avaient dû batailler contre le card. Cicognani qui les avait purement et simplement accusés d'hérésie dans leurs propositions. Ceci sera donc ajouté et confirme ce que le cardinal m'avait dit pendant la durée de la session du concile.

Vendredi 17 avril 1964

Avant de rapporter la seconde séance de la commission de coordination, quelques notes sur la commission postconciliaire de liturgie. Mgr van Zuylen est revenu très content de l'organisation et de l'allure des travaux. On procède selon un plan bien établi et qui promet d'être efficace. On a distribué le travail en plusieurs sous-commissions. Je lui ai demandé en particulier jusqu'où iraient les concessions accordées spécialement pour la messe et il m'a répondu que les instructions étaient d'être le plus large possible. Je lui ai demandé également si on travaillait à une refonte substantielle du formulaire de la sainte messe, notamment la modification de

9. Selon le *Processus verbalis*, *A.S.*, V, II, p. 292 c'est bien Cicognani qui a fait le rapport sur le *De Oecumenismo*.

10. Le 1er avril 1964, les médecins en Belgique avaient décidé de faire une grève – qui a duré 18 jours – pour protester contre des mesures du gouvernement.

11. La réunion du 23.10.1963.

l'offertoire et l'introduction des litanies des prières des fidèles et il m'a répondu qu'il en était bien ainsi.
La réunion de la commission de coordination s'est déroulée sans incidents notables et sur un rythme beaucoup plus rapide que celle d'hier[12].
Avant d'en venir aux détails des différents schémas, le cardinal me dit qu'il a demandé à Felici si c'était bien exact qu'Ottaviani avait envoyé une lettre de rétractation. Felici a répondu qu'il n'avait pas envoyé une lettre mais qu'il l'avait fait *viva voce*. En effet, il l'avait vu sortir d'une audience chez le Saint-Père et en sortant du bureau privé du pape, Ottaviani lui avait dit, à lui Felici, qu'il avait signalé au pape le danger, l'insuffisance du chapitre sur la collégialité et qu'il avait dit au Saint-Père qu'il retirait son vote d'approbation. Et comme Felici lui demandait alors comment il avait pu la donner, il a répondu qu'il s'était laissé entraîner par l'atmosphère de la commission et du fait que tous les Pères s'étaient montrés favorables[13]. Toutefois, il semble bien que le card. Browne n'ait pas voté[14]. Et il est certain que lui [Felici] ait écrit une lettre au Saint-Père ou au cardinal secrétaire d'État, pour le mettre en garde contre ce qu'il considère comme un abandon de la foi[15]. À cette occasion, le cardinal me répète encore que lors d'une réunion antérieure pendant la seconde session, il avait comme rapporteur du *De Ecclesia* défendu le principe de la collégialité et il s'était heurté à l'opposition très violente de Cicognani qui considérait ça comme une hérésie. Cicognani lui avait répété que c'était contraire à tout ce qu'on lui avait enseigné, tous nous savons la primauté etc., etc. Bref tous les arguments connus[16].
Le cardinal était extrêmement content de la victoire remportée au sujet de l'apostolat des laïcs. Et victoire de son point de vue. En effet, il a obtenu un vote unanime pour la suppression des notes au sujet de l'Action catholique, notes explicitant le mandat et introduisant dans le commentaire du texte du schéma une conception théologique déterminée du mandat ou de la mission canonique qui consacrait le privilège de l'action catholique spécialisée[17]. Notes qui bien sûr ne faisaient pas partie du texte conciliaire

12. Pour ce rapport rédigé par V. Carbone et V. Fagiolo, cf. *Processus verbalis, A.S.*, V, II, p. 472-475.

13. Cf. *Diario Felici*, 3.4.1964, p. 381.

14. Cf. *Diarium Tromp*, 3/1, p. 473-477.

15. Pour la lettre de Felici du 4.4.1964 au pape, cf. *A.S.*, VI, III, p. 128-129.

16. Il s'agit probablement de la réunion du 23.10.1963, cf. *Processus verbalis, A.S.*, V, I, p. 703-704, 709-710.

17. Pour ces Notes 12-15 du projet de texte, cf. *A.S.*, V, II, p. 370-371. Voir aussi le *Processus verbalis* de la réunion de la commission de coordination du 17.4.1964. *A.S.*, V, II, p. 473, IV, e).

comme tel mais qui étant jointes au schéma, auraient été interprétées par les historiens de l'avenir et des théologiens comme étant l'esprit et le sens même de la définition conciliaire. Il m'a répété à plusieurs reprises que personne ne s'était opposé à sa demande qui avait donc été admise à l'unanimité. Visiblement, Felici ne s'était pas fort intéressé à cette question et ne se rendait pas compte de la portée de cette suppression parce qu'il s'est contenté de demander donc aux cardinaux quelles étaient les numéros qu'il devait faire supprimer pour l'impression des notes. Le cardinal était très content de cette décision parce que, comme cela, la question qui lui est chère de l'élargissement de l'Action catholique reste intacte, sans que l'on puisse tirer du texte du concile argument pour une conception plutôt qu'une autre[18].

Pour le schéma sur les missions, le cardinal Agagianian a déclaré, qu'à côté du schéma officiel, il avait reçu un autre schéma élaboré par les Supérieurs majeurs des ordres missionnaires. Et il a demandé si on devait communiquer aux évêques le nouveau schéma en même temps que l'autre et sur un pied d'égalité. On a décidé finalement, que ce schéma serait communiqué aux évêques, mais comme une série d'amendements possibles dont il faudrait tenir compte dans la rédaction définitive; qu'en principe le schéma reçu gardait sa priorité[19].

Le schéma sur les séminaires et universités réduit à une quinzaine de propositions montre une certaine amélioration par rapport au texte antérieur mais est loin d'être satisfaisant. Le card. Döpfner en était très déçu. Et comme on proposait simplement de présenter au concile les points au vote sans discussion, il y a eu des protestations. Et Döpfner a proposé donc que l'on puisse au moins discuter au concile les points principaux qui puissent servir d'orientations impératives pour la commission postconciliaire chargée de rédiger des instructions. Le card. Suenens a évidemment appuyé cette proposition et elle a été acceptée. Mais le card. Suenens a fait remarquer que ceci posait la question de la durée du concile. Qu'évidemment, si on décidait de terminer à la troisième session, alors il serait très difficile de discuter sérieusement les points nodaux comme on les appelle, présentés au concile. Qu'il estimait qu'il faudrait alors dès le début de la session décider qu'il y en aurait une quatrième et qu'alors on pouvait prévoir deux ou trois

18. Il faut se rappeler que Suenens – influencé par V. O'Brien – était un défenseur fervent de la Légion de Marie, qui par beaucoup n'était pas considéré comme un mouvement d'Action catholique, parce dépourvu d'un mandat explicite de la hiérarchie.

19. Le *Processus verbalis* ne mentionne pas une discussion sur le schéma des missions. Le schéma alternatif était rédigé par le «Vriendengroep» sous l'inspiration de T. van Valenberg (cf. Inventaire Archives J. Van Kerckhoven, CCVII, Leuven, p. 26-30).

jours pour la discussion de ces propositions majeures concernant les séminaires et les universités[20].
Pour le mariage, rien de spécial à signaler[21]. Pour les prêtres, le texte actuellement proposé a été admis comme pouvant être présenté au concile, mais il se réduit aussi à quelques propositions. Toutefois, à propos du schéma sur les prêtres, le cardinal a fait remarquer qu'il y avait là une proposition ou plutôt une exhortation donnée aux prêtres qu'il serait difficile aux cardinaux et aux évêques de voter si eux-mêmes ne commençaient pas à donner l'exemple. Notamment: «Abhorreant ab honoribus, titulis, etc.[22]». Il a proposé à la commission de coordination que les cardinaux et les évêques commencent par donner l'exemple de la simplification. On lui a répondu, je ne sais pas qui, qu'il faudrait pour cela convaincre le cardinal Tisserant et Mgr Dante[23]. Je me suis permis alors, au cours de la conversation, d'insister pour que lui-même demande au pape de faire le premier geste; que si le pape voulait entrer dans cette voie de la simplification il y aurait des choses facilement réalisables tout de suite: il suffirait qu'il l'impose de façon définitive à ses maîtres de cérémonie et si le Saint-Père donnait lui-même l'exemple, tout le monde serait bien forcé de suivre sans discussion. À ce sujet, le cardinal me répète encore que dans une des ces dernières entrevues, le cardinal Lercaro avait de nouveau parlé au Saint-Père de cette simplification; que le pape y est acquis en principe et qu'il a une fois de plus fait le geste de donner sa croix pectorale; qu'il semble plus ou moins envisager pour la fin du concile une sorte de manifestation assez spectaculaire où les évêques à titre symbolique, renonceraient à leur croix pectorale d'or ou d'argent pour le remplacer par des choses plus simples.
On n'a pas parlé du schéma 17 puisque le texte n'est pas encore au point. Et l'opinion assez générale des cardinaux de la commission était que le texte était vraiment bien difficile à accoucher, si on peut dire; qu'on se demandait si on arriverait jamais au bout. Je me suis permis alors de réinsister auprès du cardinal, de lui répéter l'opinion de beaucoup ici qu'il était

20. Pour cette réunion de la commission de coordination on a présenté deux textes *De Institutione sacerdotali* et *De Scholis catholicis*. Dans son rapport à Prignon, Suenens parle encore indistinctement d'un seul texte sur les séminaires et universités.

21. Il s'agit du schéma *De Matrimonii Sacramento*, qui pendant la 3e session, ne sera pas retenu à l'agenda du concile.

22. Pour le texte, cf. *A.S.*, V, II, p. 296: «atque ab omni specie vanitatis tam in vestibus ferendis quam in titulis vel honoribus quaerendis maxime abhorreat».

23. Enrico Dante (1884-1967), prêtre du diocèse de Rome, secrétaire de la Congrégation des Rites en 1960, membre de la commission pour la Liturgie, cardinal en 1965.

impossible d'arriver à mettre un texte au point si on devait finir le concile à la 3e session.
D'autres ont fait remarquer, à la commission donc, que ce schéma 17 ne devait plus être appelé 17 mais 15 [sic = 13] puisque d'autres schémas étaient tombés. Le cardinal [disait] qu'on continue à l'appeler 17 parce [tout] le monde y était habitué et pour ne pas jeter le trouble. J'en ai profité pour réinsister sur l'importance de ce schéma aux yeux du monde et l'immense déception qui naîtrait non seulement parmi les chrétiens mais même parmi une partie de l'opinion mondiale si le texte voté par le concile n'était pas un texte vraiment sérieux. Je ne vois plus rien d'autre à signaler de spécial pour la commission de coordination.
Elle est terminée. On a fixé la date de la prochaine au 15 juin. Cet après-midi encore le père Mayer[24], secrétaire de la commission pour les séminaires et les universités, était venu au collège voir le cardinal pour attirer son attention sur certains points du schéma et lui demander son appui.

Dimanche 19 avril 1964

Avant de passer au récit de l'audience du cardinal chez le pape (samedi 18 avril à 10h.50), encore un point de la réunion de la commission de coordination. On y a confirmé ce qui avait déjà été plus ou moins insinué sinon décidé en principe à la réunion précédente: un surplus d'autorité pour les modérateurs. On a reconnu que les critiques qui leur étaient adressées pendant la 2e session n'étaient pas méritées dans la mesure même qu'on ne leur avait pas donné les moyens d'accomplir leur mission. Le cardinal n'avait plus en tête tous les détails des mesures prises mais la plus importante semble être la suivante: on s'est rendu compte surtout à propos du *De Ecclesia* qu'on devait adopter un nouveau mode de suffrage au concile; un nouveau mode que celui qui a été déterminé pour le schéma de la liturgie. Sans quoi on n'arriverait jamais au bout. On a laissé à la commission de théologie le soin de proposer elle-même à la commission de coordination le vote qu'elle préférait. Il semble qu'on s'oriente vers un vote par paragraphe avec vote spécial et mise en relief de façon particulièrement claire pour les points les plus importants comme la collégialité, la sacramentalité etc. Mais comme il se pourrait qu'il y ait des contestations au sujet de la longueur des paragraphes à voter séparément ou sur les points particuliers à mettre, à proposer au vote des Pères, les modérateurs ont reçu

24. Paul Augustin Mayer (1911-2010), bénédictin allemand, secrétaire de la *Commissio De Seminariis, de Studiis et de Educatione catholica*, *peritus* conciliaire, cardinal en 1985.

le droit de fixer eux-mêmes soit spontanément, soit en cas de contestation, la longueur et la portée des textes qui feraient objet d'un vote distinct. Ils pourront aussi intervenir davantage dans les débats soit pour y mettre fin ou au contraire [pour] les prolonger, soit suggérer qu'on confie à deux rapporteurs, un de la majorité et un de la minorité, l'examen des arguments etc. On a décidé également qu'une fois le débat clôturé, il faudrait, pour qu'un Père puisse encore prendre la parole, qu'il soit appuyé non plus par 5 évêques comme au cours de la 2e session, mais par 70. On espère ainsi pouvoir accélérer le débat et le rendre plus organique[25].

Et maintenant l'audience du Saint-Père.
Le cardinal est passé chez moi immédiatement à son retour du Vatican. Et il était fort satisfait. Il a trouvé le Saint-Père plus détendu et plus à l'aise que dans les deux audiences précédentes de cette année. Parmi les choses importantes, il est revenu sur la morale conjugale et il a trouvé cette fois-ci le Saint-Père plus accessible. Il n'a plus eu la réaction crispée des audiences antérieures où il disait: «Mais, même si les moralistes catholiques commencent à douter, il faut que le magistère et que moi surtout réagissent et que je rappelle les principes». Il a admis qu'il y avait de fait des questions difficiles, que tout n'était peut-être pas au point, qu'on devait continuer à étudier. Vu sa bonne disposition, le cardinal lui a passé alors le texte rédigé par un théologien romain que le Saint-Père connaît personnellement et qui, s'il n'est pas une justification théologique profonde et suffisante des modifications qu'on demande, expose au moins la problématique de façon assez frappante et de manière à ébranler la conviction du Saint-Père. Le cardinal a parlé aussi du contenu, des résultats du colloque qui s'est tenu à Rome dans la Secrétairerie d'État pendant la semaine de Pâques par la commission chargée d'étudier les problèmes démographiques[26] dont fait partie le chan. de Locht[27] et le P. de Riedmatten[28]. Il me dit que le nom du P. de Riedmatten suscite toujours un certain hochement de tête d'approbation de la part du pape.

25. Pour ces changements de la procédure, cf. *Processus verbalis*, *A.S.*, V, II, p. 474-475 et *A.S.*, V, II, p. 143-149 et 478-479.

26. Il s'agit de la Deuxième Réunion du Groupe d'Études sur la Population du 3 au 5 avril 1964 (cf. G. MARENGO, *La Nascita di un' Enciclica*, Città del Vaticano, 2018, p. 30).

27. Pierre de Locht (1916-2007), prêtre du diocèse de Malines-Bruxelles, membre de la *Commssio pontificia pro studio populationis, familiae et natalitatis*.

28. Henri de Riedmatten (1919-1979), dominicain suisse, secrétaire de la *Commissio pontificia pro studio populationis, familiae et natalitatis*, observateur permanent du Saint-Siège auprès des Nations-Unies à Genève.

Le cardinal a raconté aussi les incidents relatés avant-hier au sujet de la collégialité et s'est plaint de l'attitude du secrétaire d'État, ainsi qu'il l'avait promis. Au fond, il a suggéré au pape qu'il serait temps de le remplacer. Il n'a pas parlé explicitement du prolongement du concile en une 4e session, étant donné que sa position est connue du Saint-Père et qu'il a déjà été amené à contredire plusieurs fois le pape à ce sujet, que d'autre part il semble que l'idée fait du chemin. Et après le discours du pape aux évêques italiens[29], il n'a pas jugé nécessaire donc de revenir sur le problème. À propos de ce discours il me dit qu'il avait commencé l'entretien en abordant cette question pour remercier et féliciter le Saint-Père de ce qu'il avait dit aux évêques. Le pape répondit, souriait, donc semblait content, que cependant il n'avait pas voulu faire un discours-programme. C'est d'autant plus intéressant alors s'il a laissé parler spontanément son âme, de constater que les problèmes qui l'intéressent [sic…].

Il a touché aussi la question de la nomination de l'évêque de Gand. Il a exposé au Saint-Père où en était le problème et il lui a demandé de débloquer la proposition de nomination qui, semble-t-il, était contredit par le premier ministre[30]. Et le Saint-Père a pris note. Le cardinal ne m'a pas dit toutefois qui était le candidat désigné.

Il n'a pas voulu toucher cette fois la question du geste à faire par le Saint-Père pour montrer l'exemple de la simplification du faste, en l'ayant déjà tellement dit qu'il a préféré réserver cette demande pour l'audience du mois de juin.

Il a parlé aussi du schéma 17, qui était loin d'être en voie d'achèvement. Le Saint-Père a souri, répétant: «Oui, ce schéma 17, ce schéma 17». Dans l'ensemble il a trouvé donc le pape toujours aussi affectueux et l'invitant à plusieurs reprises à lui demander tout ce qu'il voulait. Il avait l'impression que le pape désirait vraiment pouvoir lui faire plaisir, même accorder des faveurs, mais il a répondu qu'il n'y avait rien de spécial à demander. Et il a dit à moi que le vrai problème n'était pas donc les gentillesses personnelles du Saint-Père, mais que le Saint-Père attaque les problèmes essentiels de l'*aggiornamento* de l'Église. Il est resté une demi-heure. Le Saint-Père l'invitait à rester davantage, mais comme il devait retourner en Belgique

29. Discours de Paul VI à l'épiscopat italien du 14.4.1964, où le pape avait fait un appel aux évêques italiens pour participer activement et avec enthousiasme aux travaux du concile.

30. Il s'agit de la nomination de Mgr L. Van Peteghem comme évêque de Gand, à laquelle le premier ministre Theo Lefevre était opposé. Cf. L. DECLERCK – M. LAMBERIGTS, *Mgr. J. M. Heuschen en het Tweede Vaticaans Concilie*, in *Collationes* 47 (2017) 5-49, p. 15.

dans l'après-midi et qu'il avait dit tout ce qu'il avait envie de dire pour cette fois, il a demandé au pape de pouvoir remettre la suite de la conversation à la prochaine audience. Il me signale qu'avant lui avait été reçu Liénart[31] qui n'est resté que dix minutes. Et il précédait Confalonieri[32]. Confalonieri lui avait dit avant d'entrer à la bibliothèque du Saint-Père: «Ne faites pas attention à moi, restez le plus longtemps possible; moi, je vois le Saint-Père très souvent, vous venez de l'étranger et il faut que le pape aie l'occasion de parler longtemps avec les évêques de l'extérieur». Le cardinal se montre toujours très content de ses contacts avec le card. Confalonieri. Il le trouve vraiment bon et ouvert. Je ne sais plus sur quel détail – il m'échappe pour l'instant – il avait proposé quelque chose, le card. Confalonieri alors avait dit tout de suite en disant que c'était exactement ce que lui-même désirait et suggérait et qu'il était content d'appuyer la proposition du card. Suenens.
Le cardinal a parlé au pape de son prochain voyage en Amérique, de sa tournée de conférences notamment aux 12.000 religieuses et il avait demandé au Saint-Père si le pape avait des suggestions à lui exprimer ou des désirs, mais il ne m'a pas dit ce que le pape avait répondu à ce sujet. Si j'ai bien compris, le pape lui a simplement dit: «J'ai confiance en vous, vous savez quelles sont mes idées ... allez de l'avant». C'est tout ce que je me rappelle pour l'instant de l'audience.

Après ce récit, alors Mgr van Zuylen nous a mis au courant des travaux de la commission de la liturgie. Il nous répète que les décisions prises sont extrêmement larges. On a fixé définitivement le nombre et la composition des sous-commissions respectives et on étudie un peu tous les problèmes à la fois: le bréviaire avec l'introduction de la langue vivante, le choix des lectures de l'Écriture pour les offices, la concélébration etc.; pour la sainte messe, il semble que les facultés accordées seront très grandes. Pratiquement, pour les conférences épiscopales qui en font la demande, la commission a décidé que ne serait maintenu le latin que pour le canon et les prières secrètes du prêtre et encore quelques autres choses. Le Pater et probablement la préface et tout ce qui est dialogue dans la messe et pratiquement toute l'avant-messe pourront être récités ou célébrés dans la langue du peuple. Il conclut en disant au cardinal que les demandes adressées par les évêques belges étaient dépassées par les événements et qu'il faudrait le plus

31. Achille Liénart (1884-1973), évêque de Lille de 1928 à 1968, cardinal en 1930, membre de la présidence et de la commission de coordination.

32. Carlo Confalonieri (1893-1986), préfet de la congrégation du consistoire de 1967 à 1973, cardinal en 1958, membre de la commission de coordination.

tôt possible que les évêques se réunissent, pour introduire à la commission post-conciliaire une nouvelle série de souhaits et de vœux, de décisions à faire approuver par la commission.

Jeudi 23 avril 1964

Voici encore divers points que je me suis rappelés après coup, traités par le cardinal dans son audience avec le pape (audience du 18 avril).

Le Saint-Père lui a parlé des difficultés entre Flamands et Wallons et a demandé au cardinal quel geste il pourrait bien faire, spécialement vis-à-vis de l'opinion flamande. Et il a insisté à plusieurs reprises, vraiment il cherche à faire ce qu'il peut. Mais le cardinal lui a répondu que dans l'état actuel des choses et vu l'atmosphère passionnelle, il valait peut-être mieux s'abstenir, que tout ce qu'il pourrait faire serait immédiatement commenté, critiqué, détourné de son sens original par les deux côtés. Le silence ici est d'or. Il lui a dit toutefois que s'il y avait encore une occasion naturelle de s'adresser au peuple belge, l'idéal c'est qu'il puisse faire un message bilingue moitié-moitié.
Le cardinal lui a parlé aussi de l'Université de Louvain. Il me dit que le Saint-Père continue à s'intéresser fortement à l'Université, comme dans la plupart des audiences ... [sic]. Il l'a mis rapidement au courant de la grève des médecins, des arguments pour et contre etc.. Il lui a signalé d'ailleurs, en personne [sic], que le traitement des médecins belges était deux fois moins élevé que celui des médecins français et cinq fois moins que celui des italiens. Au cours de la conversation, il a aussi eu l'occasion de parler au pape des mots d'ordre donnés par les supérieurs des ordres religieux, notamment par ex. au sujet du chapitre sur les religieux dans le *De Ecclesia*[33]. Mot d'ordre qui compromettait véritablement la liberté d'expression et de parole des membres de ces ordres. Il a demandé au Saint-Père s'il ne pouvait pas intervenir pour que la liberté religieuse soit mieux respectée au sein de certaines congrégations. Il a aussi l'impression que le pape suivait de très près la politique italienne et que les avatars de cette politique italienne avaient une répercussion beaucoup plus profonde sur l'attitude de

33. Le 8.6.1964, Charue note: «Incroyable! Le P. Congar nous dit que des supérieurs généraux lui ont demandé d'avertir Mgr Charue que si l'on était trop avancé sur la question de l'exemption, les supérieurs généraux, qui se réunissent régulièrement, réagiraient concernant la collégialité. Et ils font remarquer qu'ils ont barre sur plus de 700 évêques religieux! Imagine-t-on plus inadmissible chantage?» (*Carnets Charue*, p. 207).

Paul VI que sur celle de Jean XXIII. Il me dit que quand on évoque cette situation italienne le pape réagit «con cuore», comme une chose qui l'intéresse de très près et qu'il connaît d'ailleurs fort bien. On a l'impression que sur ce point le pontificat de Paul VI se rapproche davantage de celui de Pie XII.

Quant aux travaux de la commission théologique *De Revelatione* – c'était donc une sous-commission spéciale – ils ont été pratiquement terminés aujourd'hui. À partir de demain nous nous réunirons en commission plénière.

En général, cela a bien marché: pour les deux premiers chapitres «Révélation» et «Tradition», tout le monde a tenu à respecter loyalement l'accord et à ne pas invoquer la question d'une ou deux sources. On a pu enrichir le texte qui se présente beaucoup mieux que l'actuel *textus receptus.* À signaler aujourd'hui la venue du P. Van den Eynde[34] qui n'avait assisté à aucune des réunions de la commission théologique *De Ecclesia,* ni aux premières réunions de la commission *De Revelatione* et qui, il me l'a dit lui-même en cours de séance, avait reçu un coup de téléphone du card. Ottaviani lui-même, lui demandant d'être présent à la réunion. Le P. Van den Eynde n'a rien dit, n'a absolument rien dit au cours de la réunion d'aujourd'hui. Mgr Charue nous a dit par ailleurs que le card. Ottaviani a fait savoir au président de notre sous-commission Mgr Florit[35] qu'il fallait dans la *relatio* mentionner l'opinion de la majorité et de la minorité[36]. En fait, il n'y a pas eu majorité-minorité puisqu'on s'est mis d'accord et que notre texte a été accepté à l'unanimité des Pères présents. Mais il est intéressant de signaler que par la minorité dans le contexte sont désignés évidemment les représentants de l'opinion des deux sources et que ça semble indiquer donc que le card. Ottaviani se rend compte que s'il avait fallu traiter cette question-là, l'opinion dite classique de deux sources se serait trouvée en minorité au sein de la sous-commission. C'est un signe de plus combien la question était restée vivace. Le P. Betti[37] et le P. Van den Eynde m'ont dit tous les deux que si on avait dû reposer la question, on aurait brisé le concile, les positions restant irréductibles.

34. Damien Van den Eynde (1902-1969), franciscain belge, professeur (en 1933) et recteur de l'Antonianum (1959-1966), *peritus* conciliaire.

35. Ermenegildo Florit (1901-1985), archevêque de Florence en 1962, cardinal en 1965, membre de la commission doctrinale.

36. Cf. *Carnets Charue*, p. 184.

37. Umberto Betti (1922-2009), franciscain italien, *peritus* conciliaire, professeur à l'Antonianum en 1954, recteur de l'Université du Latran de 1991 à 1995.

Signalons encore que pour le chap. II sur la Tradition, on a fini par prendre comme base le texte du P. Betti, bien que les évêques aient voté deux contre deux et qu'il était stipulé qu'on devait lire le texte de Heuschen en même temps que le texte de Betti, mais, en fait, on a introduit à peu près le contenu du texte Heuschen-Cerfaux[38] dans le texte Betti. C'était si fort qu'à un moment donné, le P. Betti a eu l'impression qu'on voulait purement et simplement écarter son texte et il y a eu un moment de tension au cours des discussions, tension cependant qui a été assez vite réduite.
À la seconde sous-commission pour l'Écriture Sainte, Mgr Charue et Mgr Cerfaux sont sortis très contents. On a fait disparaître du texte des allusions aux évangiles de l'enfance. Mgr Cerfaux se félicite d'être venu à Rome. Il faudra voir maintenant ce que va faire la sous-commission plénière et puis la commission plénière au mois de mai[39].

38. Pour ce texte cf. F. Heuschen 196-197 et 532.
39. En fait, la commission s'est réunie à partir du 1er juin (cf. *Carnets Charue*, p. 193).

Bande magnétique envoyée par Prignon au cardinal Suenens, le 27 juin 1964

[Ce texte a été dactylographié par L. Declerck, F. Prignon 828[1].]

... midi j'ai rencontré le cardinal Lercaro et j'ai pu bavarder avec lui pendant une demi-heure[2] avant la réunion de la commission de coordination. Je l'ai mis au courant de ce qui s'était passé à la commission théologique[3] et je lui ai demandé de faire très attention à ce que le card. Cicognani pourrait dire ou aux réactions des autres cardinaux. En lisant les corrections proposées ... de Sa Sainteté, le cardinal Lercaro avait l'air à la fois résigné et critique. Il me dit: «Vous savez bien que nous avons déjà résolu cette question par le vote du 30 octobre [1963] sur les 5 propositions, mais je vois bien qu'il faudra continuer à ouvrir l'œil et à se battre jusqu'au bout». Malheureusement lui-même devait repartir le samedi à midi pour Bologne parce qu'il avait des ordinations le lendemain. Et il m'a dit qu'il ne pourrait pas assister à la seconde séance de cet après-midi. Il allait avertir Döpfner et Liénart afin que ceux-ci se tiennent prêts à veiller au grain. ... si je ne pouvais pas le voir après la réunion pour savoir ce qui s'était passé, mais il m'a dit qu'il vous écrirait le détail, et qu'éventuellement il m'enverra aussi un petit mot. Je suppose donc que vous recevrez une lettre de sa part.

Venons-en à la régulation des naissances. Vous aurez lu le discours du Saint-Père[4] ... Il a sans doute le mérite de souligner que les normes fixées par Pie XII ne sont pas définitives et immuables. Et cependant ici, il reçoit une double interprétation: les uns remarquant que le pape a parlé du droit

1. Un système IBM tout neuf permettait d'envoyer la bande magnétique comme une lettre par enveloppe. Cette bande magnétique pouvait être employée plusieurs fois. Mais alors le message précédent était effacé. Ce qui est – hélas pour les historiens – arrivé avec les bandes magnétiques envoyées par Suenens et Prignon.

2. Suenens, ne pouvant assister à la réunion de la commission de coordination du 26.6.1964, avait demandé à Prignon de parler avant la réunion avec Lercaro. Cf. Lettre de Suenens à Lercaro, 17.6.1964, F. Suenens 1781.

3. Il s'agissait surtout de la discussion du 5.6.1964 des 13 *Suggerimenti*, envoyés par Felici à Ottaviani, le 19.5.1964, au sujet de la collégialité.

4. Cf. PAULUS VI, *Allocutio ad Em.mos Patres Purpuratos*, 23.6.1964 in *A.A.S.* 56 (1964) 581-589.

des parents de déterminer eux-mêmes leur progéniture, des recherches scientifiques modernes etc., prévoient que les déclarations annoncées, iront dans le sens d'un élargissement; les autres au contraire, je crois ce sera la minorité, fixent leur attention sur les dernières paroles du pape où il dit qu'en conscience il ne voit pas encore de raisons pour modifier les normes de Pie XII. Et ils interprètent tout ce qui précède un peu comme de la poudre aux yeux ou une préparation psychologique: le pape aurait déjà ses intentions bien fixées, mais pour éviter un choc brutal de l'opinion, il insisterait sur la mûre réflexion qui aurait précédé une prise de position déjà déterminée, déterminée dans le sens de la rigueur. Ici dans les journaux le *Messaggero* tenait évidemment la première interprétation et le *Tempo* la seconde. Je dis entre parenthèses – excusez le débit un peu haché mais le téléphone ne cesse de m'interrompre – «Je ne sais pas trop ce qu'il faut penser». Les rétroactes de l'affaire plaident au moins en faveur de la première interprétation. En effet, comme vous le savez, cette déclaration fit suite à la réunion du groupe de la Secrétairerie d'État[5]. Y assistait le chanoine de Locht qui est venu me dire bonjour à la fin des réunions. Il ne m'a pas dit grand-chose, étant tenu par le secret très strict qu'on leur avait recommandé. Mais il m'a tout de même répété après avoir été assez découragé le premier jour, [qu'] il sortait de cette réunion assez optimiste, même très optimiste. On était parvenu, en effet, à rédiger une résolution unanime, même les gens les plus durs, reconnaissant que le problème était difficile et recommandant de ne pas faire de déclaration maintenant, ou si on jugeait nécessaire d'en faire une, à cause de la confusion existante dans les esprits, en tout cas d'en peser soigneusement les idées et les mots. Il semble évident que cette déclaration a tout de même fait impression sur le Saint-Père. Je vais vous envoyer à ce sujet une étude du Chan. Delhaye[6], peut-être auriez-vous la possibilité de la mettre sous les yeux du Saint-Père comme vous aviez fait pour celle du P. Häring[7], à moins que vous l'avez déjà fait. Mgr Anné a travaillé depuis 15 jours, à peu près comme un forcené, à la note qu'il vous avait promise[8]. Nous en avions discuté assez

5. Cf. Rapport sur la session du Groupe d'études de la population, 13, 14 et 15.6.1964. Cf. Inventaire des Archives du Cardinal L. J. Suenens au sujet de la question du «Birth Control» et de l'encyclique «Humanae Vitae», n. 286.

6. Il s'agit probablement du texte de Delhaye «Recherches et réflexions concernant l'évolution et l'état actuel du problème de la régulation des naissances», F. Suenens 2441.

7. Bernhard Häring (1912-1998), rédemptoriste allemand, professeur à l'Alfonsianum à Rome de 1949 à 1987, *peritus* conciliaire, membre de la *Commissio pontificia pro studio populationis, familiae et natalitatis.*

8. Pour ce texte (12 p.) «Critiques sur art. Janssens» (des critiques d'A. Prignon et de L. Anné sur l'article de L. JANSSENS, *Morale conjugale et progestogènes*, dans *Ephemerides*

longuement ensemble, je viens d'en lire la moitié, je lirai l'autre moitié demain, je la mettrai au point, question de rédaction française et dès qu'elle sera terminée, je vous l'enverrai. À première lecture, elle me semble bonne et je me sens d'accord avec tout ce qu'il écrit. Peut-être une précision çà ou là qui sera ajoutée. En tout cas j'espère pouvoir vous l'envoyer au courant de la semaine prochaine. Comme j'ai discuté longuement de cela avec Mgr Anné et que vraiment je n'ai plus le temps en fin d'année [académique], je ne rédigerai pas de mon côté une autre note qui ferait double emploi avec celle-ci mais je suis prêt à signer avec Mgr Anné. Celui-ci a vraiment beaucoup travaillé. Il est assez fatigué. Voudriez-vous bien, Éminence, lui envoyer trois mots de remerciement, quand vous aurez reçu la note que je vous enverrai. Je crois que cela lui ferait grand plaisir.

À propos de la commission de liturgie, nouvelle alerte. Mgr van Zuylen aura peut-être l'occasion de vous le raconter. Dès le début de la première séance, Felici [a posé] la question de principe de l'autorité de cette commission. Il voulait la réduire à un organe consultatif transmettant des résolutions au Saint-Père et que celui-ci non seulement approuverait mais statuerait seul. Il exercerait donc lui seul dans cette affaire le pouvoir législatif. Et Felici plaidait pour que l'exécution de ces mesures, ainsi recommandées et décidées par le pape, soit confiée à la Congrégation des Rites. Du coup il n'y aurait plus d'acte collégial et la curie rependrait la haute main sur toutes les affaires. Vous voyez la tendance, elle est extrêmement significative mais dangereuse pour les idées que nous représentons. Mais ce qui est peut-être plus inquiétant encore, c'est la réaction du cardinal Lercaro lui-même. Il n'a pas dit grand-chose selon Mgr van Zuylen et le chan. Martimort, qui est venu me raconter la chose après, lors de l'intervention de Felici. Plusieurs membres s'attendaient à ce qu'il répondit assez vertement et même menace de quitter la séance en demandant si on le prenait pour un gamin. Mais puisque la commission était instituée pour exécuter les instructions du concile [sic]. Mais il a louvoyé; au fond, Felici a marqué un point. Réaction aussi deuxièmement du Saint-Père lui-même. Mgr Jenny[9], auxiliaire de Cambrai, je pense, qui a eu audience le lendemain de cette séance, a dit à Mgr van Zuylen que le Saint-Père lui avait parlé en effet de la réaction de la Congrégation des Rites, qu'il ne voulait pas heurter trop

Theologicae Lovanienses 39 [1963] 787-826). Cf. Inventaire des Archives du Cardinal L. J. Suenens au sujet de la question du «Birth Control» et de l'encyclique «Humanae Vitae», n. 103.

9. Henri Jenny (1904-1982), évêque auxiliaire de Cambrai en 1959, archevêque de Cambrai de 1966 à 1980, membre de la commission pour la Liturgie.

violemment la susceptibilité de celle-ci, qu'il fallait trouver un terrain d'accord, etc., etc. l'éternel jeu de bascule. Le jeu de bascule qu'on peut retrouver dans deux discours successifs du pape prononcés à deux jours de distance. Après celui, très bon, adressé aux cardinaux, le lendemain ou le surlendemain il en a fait un autre où il exaltait à nouveau [le rôle?] ... de Pierre et son successeur: qui voit Pierre, voit l'Église, voit le Christ. Il y a là une confirmation nouvelle de ce que je vous raconterai dans le thème suivant au sujet de la collégialité.

Martimort est sorti assez pessimiste de cette réunion de la commission de liturgie et commence à mettre sérieusement en doute l'aboutissement de la réforme de la curie. On dit d'ailleurs de plus en plus dans les milieux romains que le Saint-Père parle fort mais n'agit pas beaucoup. Nous avons cependant encore une chance d'espoir, c'est qu'il attend vraiment la fin du concile, comme il le répète aux évêques étrangers à chaque audience qu'il leur donne, avant de passer à l'acte. Espérons. En tout cas, Mgr Dell'Acqua ne cesse de recommander à tous les évêques qu'il rencontre, de venir et de revenir encore à Rome pour contrebalancer l'influence du groupe Staffa, Felici etc.

À propos de la réforme de la curie, j'ai donc rédigé un rapport[10] que je vais vous envoyer avec une série d'autres documents. À ce sujet encore, Mgr Lefebvre[11], un auditeur de Rote français, prétend que la commission Roberti[12] – Pinna[13] n'est qu'une façade, que le Saint-Père aurait un autre projet, le vrai celui-là, et dont un des points principaux serait de ne plus placer à la tête des congrégations des cardinaux. Mais il circule tant de bruits à Rome sur cette question qu'il est bien difficile de savoir exactement ce qui en est. Un domaine où les choses progressent, c'est celui des rapports avec le patriarche Athénagoras[14] et les Églises orthodoxes. Le Saint-Père est intervenu discrètement mais fermement auprès du gouvernement turc pour défendre le patriarche, et celui-ci en a été extrêmement reconnaissant. Il a répété aux envoyés du Secrétariat [pour l'Unité] que c'était le pape qui s'était engagé le plus fort pour sa défense. Et que cela avait profondément touché les autres hiérarques orthodoxes, assez réticents vis-à-vis de l'effort actuel de l'Église romaine ... que le patriarche Athénagoras semble

10. Note sur l'*Aggiornamento* de la Curie romaine, 20.6.1964, 10 p. Cf. F. Prignon 814 et F. Suenens 2004. Cf. Annexe V.

11. Charles Lefebvre (1904-1989), prêtre du diocèse de Lille, auditeur de la Rote en 1955, *peritus* conciliaire.

12. Francesco Roberti, (1899-1977), cardinal en 1958, président du Tribunal administratif du concile, membre de la commission de coordination.

13. Giovanni Maria Pinna (1906-1971), prêtre italien, auditeur à la Rote en 1952.

14. Athénagoras (1886-1972), patriarche œcuménique de Constantinople en 1948.

vraiment décidé à envoyer des représentants à la 3e session du concile. Et s'il parvenait à convaincre les autres évêques ou les autres métropolites, il n'est pas exclu qu'il vienne lui-même à Rome, à la fin de la session, et qu'il assiste à une séance du concile. La condition serait évidemment que le texte sur la collégialité soit voté par l'assemblée et approuvé par le pape. Si ce texte devait être rejeté ... il ne serait plus question de ce voyage.

Samedi 27 juin 1964 (suite de la bande magnétique)

On s'est employé aussi à faire remarquer au Saint-Père qu'il y avait une certaine opposition entre sa façon d'agir avec les orthodoxes et ses idées théoriques sur la collégialité. Les attitudes pratiques vont beaucoup plus loin que sa pensée théorique, mais il semble qu'il n'arrive pas lui-même à dégager toutes les implications de ses attitudes. On n'a pas manqué de lui faire remarquer que si jamais le concile ne votait pas la collégialité, ce serait une catastrophe au point de vue des rapports œcuméniques et que plus que jamais les Orientaux diraient: l'Église romaine nous trompe, elle veut nous embrasser mais c'est pour mieux nous étouffer.
Et venons-en maintenant à un récit un peu plus détaillé de la commission théologique[15]. Donc la veille du commencement des débats, nous avions reçu la note que je vous ai transmise[16]. Toute la question était de savoir si c'était un ordre de la part du pape ou une manœuvre où on se servait et on abusait de son autorité à son insu[17]. Il y a eu une réunion au collège [belge] de plusieurs évêques et archevêques, présidée par Mgr Charue et ils ont chargé celui-ci de poser carrément la question en pleine réunion, en disant que si c'est un ordre du pape, évidemment on obéirait mais que dans ce cas il faut avertir le concile que ce n'était pas la commission théologique qui recommandait ces modifications mais que c'était le Saint-Père lui-même. Dans ce cas, nous n'avons plus notre liberté et on s'étonnait que le pape renonce à l'attitude qu'il ne cesse de proclamer: sa volonté de ne pas peser sur les délibérations du concile. Ce... [cette demande?] de Mgr Charue a impressionné le card. Ottaviani qui a répondu qu'il s'informerait. Je dois dire qu'un jour ou deux avant[18], à la réunion du conseil de présidence de

15. Voir aussi *Carnets Charue*, p. 192-212.

16. Il s'agit du texte des 13 *Suggerimenti* que Prignon a vu le 30.5.1964.

17. Le pape avait ses propres inquiétudes au sujet de la collégialité et était lui-même au courant qu'un petit groupe de travail avait rédigé les 13 *Suggerimenti* (cf. *Diario Felici*, p. 391-393).

18. En fait, le 1.6.1964; cf. *Carnets Charue*, p. 193.

la commission, le P. Tromp n'a pas caché qu'il n'était pas au courant de ces modifications demandées. Le card. Ottaviani n'avait pas été très loquace mais il semble en tout cas qu'il n'a pas été mêlé aux délibérations préparatoires, et il n'était pas extrêmement chaud pour l'introduction de ces modifications. Aussi nous avons eu l'impression qu'au fond il était assez content de pouvoir poser la question au Saint-Père. Il est revenu en tout cas le vendredi de cette semaine-là en nous disant que les évêques gardaient leur pleine liberté. On a pu discuter les questions et vous trouverez les résultats de cette délibération dans la *relatio* proposée par Mgr Philips, que vous allez recevoir d'ici quelques jours[19]. Le card. Browne a dit aussi nettement que ce n'était pas lui l'auteur. Et qu'il n'était même pas content de la troisième [suggestion]; qu'il lui semblait que le texte précédent était meilleur, le texte reçu donc parce qu'il était plus fort. D'après ce qu'on a appris en définitive, il semble bien que ce soit de nouveau Felici, Staffa avec leur groupe de théologiens et d'experts Maccarrone[20], le P. Ciappi[21], le maître du Sacré Palais, qui assiste toujours à nos réunions mais qui n'a jamais ouvert la bouche sauf cette fois-ci[22]. Manifestement, on lui avait demandé une déclaration; il l'a lue d'ailleurs en des termes assez désagréables qui lui ont fait du tort.

Lors de la discussion de ces fameuses 13 modifications demandées par le pape, on a vu à la commission théologique une série de figures qui n'étaient jamais présentes. Comme je vous l'ai dit au téléphone, je pense, Mgr Parente a fait une déclaration très longue et sensationnelle. Lui-même était vexé et pas au courant de l'affaire et il l'a prise comme une injure non seulement pour les membres de la commission théologique mais pour lui-même. Il a dit d'ailleurs qu'en tant qu'assesseur du Saint-Office il avait voté pour et qu'il avait dit dans une audience privée du Saint-Père qu'il était prêt à mettre sa main au feu pour l'orthodoxie des textes qui avaient été votés par la commission[23]. Il ne comprenait pas le pourquoi de ces modifications demandées. Il n'a pas hésité à dire en pleine séance que les unes étaient des

19. Cf. F. Philips 1410-1412.

20. Michele Maccarrone (1910-1993), prêtre italien, professeur d'histoire ecclésiastique au Latran en 1943, *peritus* conciliaire.

21. Mario Luigi Ciappi (1909-1996), dominicain italien, professeur à l'Angelicum, maître du Sacré Palais de 1955 à 1989, *peritus* conciliaire, cardinal en 1977.

22. En fait, la petite commission était composée de G. Garrone, C. Colombo, W. Bertrams et J. Ramirez (cf. *A.S.*, VI, III, p. 166 et 184).

23. Voir *Diario Felici*, 23.3.1964, p. 377 «... il Santo Padre non è ancora completamente tranquillo, per quanto abbia avuto ampie assicurazioni di ortodossia da Mons. Parente». Et, le 10.6.1964, Felici note: «Parlo con il Papa del testo sulla collegialità esaminato nei giorni scorsi della [commissione] dottrinale. È già un po' al corrente delle cose ed

répétitions inutiles, que les autres n'avaient pas de sens et que certaines frisaient l'hérésie ou étaient du moins absolument incompréhensibles. Cette déclaration évidemment faisait impression et il nous a été d'un grand secours[24]. Nous savons par les confidences de Mgr Colombo[25], le théologien du pape, à Mgr Philips et ensuite par les impressions qu'eut Mgr Charue lors de son audience après la session, que ces demandes du Saint-Père étaient probablement un compromis. Il a subi depuis deux mois une pression fantastique de la part de l'extrême droite. Il paraît qu'on est allé jusqu'à menacer de faire sauter le concile, si le texte voté sur la collégialité passait. On l'accuse comme docteur privé de verser dans l'hérésie, exactement dans le sens qu'avait dit le cardinal Ottaviani [sic = Cicognani] à la réunion de la commission de coordination précédente. Et il est certain qu'on est arrivé à lui faire peur. Mais d'après les explications de Mgr Colombo, ce qu'il craint surtout, c'est qu'on interprète le texte du *De Ecclesia* comme une affirmation de dépendance juridique du pape vis-à-vis du corps épiscopal. Comme dorénavant le Saint-Père ne pourrait exercer les actes de sa primauté. ....

anche dell'atteggiamento assunto da S.E. Mons. Parente. È un po' dispiaciuto» (*Diario Felici*, p. 397-398).

24. Pour cette intervention, le 5.6.1964, de Parente, cf. *Carnets Charue*, p. 201-202. Selon le *Diarium Tromp*, 3/1, p. 681, Parente a parlé pendant 20 minutes.

25. Il faut toutefois remarquer que ni Colombo ni Garrone, censés d'appartenir à la «majorité» conciliaire, n'ont jamais révélé à Philips ou à Charue leur participation au groupe de travail qui a rédigé les 13 *Suggerimenti*.

Annexes

Annexe I

Note à propos de la structure du Schéma *De Ecclesia* à la suite de la réunion de la commission de la foi

[F. Suenens 1388, Note rédigée pour le card. Suenens par Prignon, le 3.10.1963, après la réunion de la commission doctrinale du 2.10.1963[1].]

Avant le commencement des travaux, s'est posée la question préjudicielle: la nouvelle division en 5 chapitres est-elle imposée ou conseillée par la commission de coordination?
Mgr Parente, surtout, a insisté pour qu'on ait une réponse avant de continuer les travaux. Quant aux modifications de texte, préparées aux réunions de Malines, pour adapter le schéma au nouveau plan, le même Parente n'a pas voulu que l'on en commence l'examen avant de savoir si elle était imposée par une autorité et laquelle.

N.B. Le texte qui a été répandu par le secrétariat[2] porte mention du cardinal Suenens. Il y a donc équivoque: d'après ce texte, il semble que ce soit vous qui proposiez *motu proprio* ce texte à la discussion. Mgr Philips à la suite de Mgr Schröffer a plaidé pour qu'on commençât l'examen, en réservant la question préjudicielle (afin de gagner du temps) et a indiqué qu'il n'y avait pas de mutation substantielle sinon quelques *additamenta*. Mais Parente a tenu bon. Et ce malgré une autre intervention de Mgr Charue faisant remarquer que la majorité de la commission et bon nombre de Pères au Concile s'étaient prononcés en faveur de la nouvelle répartition.
La conclusion a été formulée par le Card. Ottaviani, qu'on en référerait «au Saint-Père» (Mais cela ne veut-il pas dire le secrétaire d'État?)

1. Cf. *Diarium Tromp*, 3/1, pp. 47-53. Voir aussi A. MELLONI, *L'inizio del secondo periodo e il grande dibattito ecclesiologico*, dans G. ALBERIGO (éd.), *Storia del concilio Vaticano II*, vol. 3, Bologna, 1998, p. 74-77.

2. Il s'agit du secrétariat de la commission doctrinale. Cf. F. Philips 792: CFM 14/63: 5. Schema Constitutionis dogmaticae De Ecclesia. Nova ordinatio capitum (ab E. Card. Suenens), 28.9.1963.

S'est greffée, sur cette question, celle de la Mariologie. Des Pères ont plaidé pour qu'on l'introduise dans le *De Ecclesia* sous une forme ou l'autre (soit de façon diffuse, soit en appendice). On a souhaité qu'une décision soit prise assez rapidement afin d'éviter un nouvel embarras semblable à celui devant lequel on se trouve à propos du *De Ecclesia.* Tromp a rappelé la décision antérieure de la Commission de coordination, établissant un schéma spécial. Un autre Père a évoqué ce qui a été dit *in aula* par le *moderator.* D'où confusion: les uns croient que la question est déjà réglée dans le sens intégration au *De Ecclesia,* les autres pensent le contraire. Il est vraisemblable que le card. Ottaviani parlera aussi de ce point «en haut».

Nos impressions

Pour la Mariologie, il serait bon que l'on soit fixé assez rapidement.
Dans l'attitude de plusieurs membres de la commission, italiens et l'un ou l'autre français, il entre une part de mauvaise humeur pour une décision prise *inconsulta commissione theologica*[3].
Même s'il ne s'agit pas d'une décision formelle de la commission de coordination, il semble difficile de revenir en arrière: cela a été imprimée dans le schéma, dit à l'assemblée, approuvé par de nombreux pères et il semble bien que de nombreux membres (la majorité, dit Mgr Charue) préfèrent cette nouvelle distribution des matières (tous ces arguments m'ont été redits ce soir au téléphone par Mgr Charue pour que je les transmette à V. É.).

N.B. Au cours d'une intervention, Tromp lui-même a reconnu *casualiter* la pertinence des motifs invoqués par la commission de coordination pour «conseiller» cette modification[4].

3. Sans transition Prignon passe ici de la Mariologie à la discussion de la place du *De Populo Dei* dans le schéma.

4. Cf. *Diarium Tromp*, 3/1, p. 5: «Franić rogat ut dicat Mons. Schauf de novo ordine defendit quod procedit populo Dei: accedit Secr. dicens iure praecedi populus Dei, quia in eo conceptu supponuntur et fideles et hierarchia, postea de utroque separatim agitur».

Annexe II

De Populo Dei (Caput II). Rationes propter quas Caput «DePopulo Dei» immediate post Caput I «De Mysterio Ecclesiae» ponendum aestimatur

[F. Philips 982; F. Suenens 1547; F. Prignon 381. ASV, Conc. Vat. II, b. 766, n. 306, f. 24-25. Note rédigée par Philips, le 15.10.1963, et remise au Saint-Père.]

«Populus Dei» hic non intelligitur de grege fidelium, prout ab Hierarchia contradistinguitur, sed de toto complexu omnium, sive Pastorum sive fidelium, qui ad Ecclesiam pertinent.

1. Expositio «de Populo Dei» revera *ad ipsum mysterium Ecclesiae*, in se consideratum, respicit. Materia haec, cuius momentum biblicum clare apparet, et cujus expositionem plurimi Patres et fideles vivide exspectant, a fundamentali declaratione de intima Ecclesiae natura et fine separari nequit. Si autem haec materia in ipso Capite I reponeretur, moles huius Capitis I nimis excresceret.

2. Si verum est quod Hierarchia sub certo aspectu praecedit fideles, quos ad fidem et vitam supernaturalem generat, remanet tamen quod et Pastores et fideles ad unum pertinent Populum. Ipse Populus eiusque salus est in consilio Dei de ordine finis, dum Hierarchia ut medium ad hunc finem ordinatur. Populus imprimis *in sua totalitate* considerari debet, ut exinde clarius pateat tum munus Pastorum qui fidelibus media salutis praestant, tum vocatio et obligatio fidelium, qui, conscii de sua personali responsabilitte, cum Pastoribus collaborare debent ad diffusionem et ulteriorem sanctificationem totius Ecclesiae.

3. Si autem imprimis de Mysterio Ecclesiae ageretur deinde de Hierarchia, et tertio loco de Populo Dei, *una* materia de natura et fine Ecclesiae in partes divideretur, quae per tractationem de Hierarchia ab invicem separerentur. *Melior structura* postulat ergo ut imprimis de ipso coetu et de omnibus in eo personis agatur, et postea tantum de variis categoriis, cogita Hierarchiam et subditos, religiosos et laicos. Ipsi Episcopi, presbyteri et religiosi ad Populum pertinent. Ergo in hoc capite nullo modo de solis laicis tractatur.

4. *Aptior distributio materiae* obtinetur si in Capite I, de Ecclesiae mysterio, agitur de Ecclesia in tota sua amplitudine ab initio creationis in proposito Dei, usque ad consummationem coelestem. Deinde in Capite II, de eodem ipso mysterio pro quanto «inter tempora», scil. Ascensionis Domini Eiusque gloriosae Parousiae, ad beatum finem progreditur. Elementa in Capite II tractanda omnia respiciunt ad vitam Ecclesiae in hoc tempore intermedio: cogita vitam cultualem in terris per exercitium sacerdotii universalis (ad quod etiam clerici pertinent), per praxim sacramentorum, per diffusionem testimonii fidei, donec perveniatur ad visionem.

5. *Facilior obtinetur locus* pro exponenda *unitate* Ecclesiae in *catholica varietate*, v. g. inter clericos, religiosos et laicos, ad unum finem tendentes; – inter Ecclesiam universam et Ecclesias particulares cum legitimis suis differentiis; – inter *unius* Ecclesiae traditiones occidentales et orientales; inter varias culturas et populorm proprietates, quas una Ecclesia libenter agnoscit et tuetur.

6. *Rectior statuitur perspectiva* ad agendum de catholicis, christianis noncatholicis, universis hominibus (cf. n. 8-9-10), et in specie ad evolvendum doctrinam de «missionibus», donec perveniatur ad terminum eschatologicum perfectae consummationis.

G. Philips
Romae, die 15 octobris 1963

Annexe III

Argomenti per la prolungazione ragionevole del Concilio

[F. Suenens 1394bis; F. Prignon 547. Note de Prignon, sans date, mais le 10.11.1963, Prignon a vu Suenens et note qu'il va rédiger cette note pour Suenens, qui va la présenter au pape.]

1° *La grazia eccezionale del Concilio per la Chiesa*

Tutti sono convinti che questo Concilio è una grazia straordinaria da Dio alla sua Chiesa. Non è necessario di rifarne la dimostrazione. Ma, se abbiamo questa persuasione, bisogna essere logico e dedurne le conseguenze pratiche, cioè tra altre possibili, consecrare al Concilio tutto il tempo necessario. Qualsiasi l'importanza di altri problemi e bisogni, non appare paragonabile all'urgenza e al momento di questo esame di coscienza della Chiesa universale e di questa riflessione commune dei vescovi assieme col Sommo Pontefice per l'«aggiornamento» tanto desiderato della Chiesa. Andare troppo presto in quest'affare sarebbe quasi trascurare la grazia del Spirito Santo.

2° *Quindi, la necessità di esaminare altri «schemata»*

Tutti sanno, anzi si lamentano, quanti e cruciali problemi sorgono oggi a proposito delle missioni, degli studi, dei seminari ed università senza dimenticare la questione dell'esenzione dei religiosi in relazione con la necessaria coordinazione dell'apostolato sotto le direttive del vescovo. La discussione *in aula* procura una occasione unica di studiare questi problemi maggiori alla luce dell'esperienza veramente cattolica, e di preparare soluzioni veramente adattate ai bisogni del nostro tempo. Sopprimere questi schemata del programma del Concilio per guadagnare tempo condurebbe a perderne molto di più negli anni posteriori. E restarebbe il pericolo d'un sentimento di frustrazione che farebbe più difficile l'accettazione pratica di soluzioni eventuali postconciliare non pienamente maturate. Che si pensi alla reazione a *Veterum sapientia* ed alla diminuzione di rispetto e di fiducia nell'autorità che ne fù l'effetto.

3° *L'impossibilità materiale di terminare con una terza sessione*

4° *La fecondità dei contatti tra i vescovi*

Si è già detto tante volte che uno dei frutti più ammirevoli del Concilio è e rimane l'apertura e l'allargamento di tutti a tanti problemi e bisogni dei loro fratelli vescovi, in conseguenza dei loro contatti giornalieri *intra et extra aulam*. Anche questo è una grazia eccezionale che vale sacrifici.

5° Ad hominem: *l'attuazione d'una vera collegialità*

Questi contatti sono l'occasione straordinaria precisamente d'una attuazione vera e fruttuosa della collegialità dei vescovi nella responsabilità universale, assieme col Sommo Pontefice e sotto la sua reggenza, per il bene della Chiesa. Sarebbe una specie di contradizione che al momento stesso nel quale il Concilio afferma *solemniter* la necessità e l'importanza di questa collegialità, si rinuncii a l'esercizio unico di questa collegialità che è costituito per l'adunanza conciliare. Nessuna altra forma di collegialità postconciliare può essere tanto ricca e proficua.

6° *Però, adoperare tutti i mezzi possibili per risparmiare tempo*

È vero però che, nel modo di lavorare attuale, si perde inutilmente molto tempo. Anzi, col ritmo odierno, più sessioni sarebbero necessarie. La decisione di fissare a due ancora il numero delle sessioni, dovrebbe accompagnarsi di misure energiche per vitare i ritardi inutili e rendere più efficace la procedura.

Annexe IV

De vocatione ad sanctitatem in Ecclesia

(et in specie de illis qui consilia evangelica profitentur)
Caput V

[cf. F. Philips 1040-1041 et F. Prignon 447. Note rédigée par Philips et datée dans le F. Prignon du 14.10.1963.]

Rationes servandi propositam ordinationem

1) *Ratio theologica.* Distributio concreta in tres categorias nempe clericos, religiosos et laicos, nititur *in duplici plano*: prima distinctio, inter Hierarchiam et Plebem pertinet ad structuram fundamentalem ipsius Ecclesiae et est iuris stricte divini, altera distinctio, inter religiosos et non-religiosos, nititur in modo prosequendi sanctitatem in Ecclesia, sive in statu particulari illorum qui consilia evangelica «profitentur», sive sine ulla professione. Religiosi particularem structuram *in* Ecclesia constituunt, quae per ipsum Evangelium inspiratur, sed cuius formae ab Ecclesia determinantur. Ecclesia statuit tum clericos tum laicos in «religionem» intrare posse. Optatur ut diversitas quae ex duplici «plano» distinctionis oritur, clare servetur.

2) *Ratio pastoralis* omnino suadet ut religiosi ceteris fidelibus non separentur. Etenim ipsi sunt antesignani in vita sanctitatis, quorum testimonium vitale et exemplativum universos fideles ad praxim spiritualem attrahit et ad communem pro omnibus caritatis perfectionem excitat. Valor praecipuus status religiosi pro tota Ecclesia praecise invenitur in hoc ad sanctitatem incitamento, non autem in exercitio alicuius auctoritatis (quae ad Hierarchiam pertinet). Quanto plus religiosi cum ceteris fidelibus coniunguntur eo efficacius munus suum particulare et charismaticum ad effectum perducunt.

3) *Ratio oecumenica.* Modus expositionis propositus magis perspicuus est pro Orientalibus Insuper recolatur quod oppositio Reformatorum contra Religiosos ex eo etiam oritur quod Reformati destruere voluerunt parietem separationis, quam erectum putabant inter illos qui ad proprie dictam sanctitatem vocantur et massam aliorum quae ad inferiorem praxim praeceptorum redigeretur, cum moralitate elementaria ad salutem utcumque non

deperdendam. Ipsi putant se gloriari posse quod sanctitatem perviam pro omnibus effecerunt.

4) *Accedit ratio practica*, scilicet ne *bis* de consiliis evangelicis agendum esset, primo pro omnibus et privatim; deinde pro quibusdam in statu particulari.

Annexe V

Note sur l'«Aggiornamento» de la Curie romaine

[cf. F. Prignon 814 (datée du 20.6.1964), 1558 et pour la version définitive F. Suenens 2004. Cette note a été demandée à Prignon par Mgr Pinna, secrétaire de la commission pour la réforme de la Curie.]

Confidentiel

Observations préliminaires.

1° Séjournant à Rome depuis deux ans seulement, l'auteur de cette note n'a pas eu assez de contacts directs avec les organismes et les membres de la Curie pour prétendre à une opinion personnelle pleinement motivée, du moins au sujet de nombreux points qui vont être évoqués. Toutefois, au cours de ces deux années conciliaires, il a pu, en raison de ses fonctions, entendre bien des réflexions, des souhaits et des espoirs exprimés par des personnes hautement qualifiées. Sans négliger pour autant les conclusions de sa courte expérience individuelle, il s'efforcera principalement d'élaborer et de présenter la synthèse des observations qu'il a pu recueillir et qui lui semblent justifiées.

2° L'auteur n'ignore pas évidemment les qualités et les avantages de l'organisation actuelle de la Curie, ni les raisons historiques qui ont modelé cette organisation. Encore moins méconnaît-il les qualités et les mérites des personnes qui s'y dévouent au service de l'Église universelle et du Saint-Siège. Il ne se dissimule pas non plus que bien des critiques formulées visent des déformations menaçant toute administration humaine et pourraient, *mutatis mutandis*, s'appliquer à proportion aux curies diocésaines.
Mais, conformément à la tâche assignée, il ne doit s'occuper ici que de relever, le plus objectivement possible, et sans procès d'intention, les insuffisances majeures apparentes de la Curie pontificale en fonction de la situation de l'Église dans le monde contemporain, et d'exposer les suggestions apparaissant aptes à y remédier.

3° Étant donné la brièveté demandée pour ce rapport, on devra se contenter d'énoncer des affirmations ou des propositions globales sans pouvoir, ni leur apporter les nuances nécessaires, ni les étayer par les arguments et les exemples justificatifs.

On présentera d'abord les réflexions critiques, ensuite les propositions d'adaptation et de réforme.

I. Réflexions critiques

1° *Absence d'une «politique» générale*

C'est là sans doute le défaut le plus souvent relevé et le plus regretté. Il ne s'agit pas seulement d'un manque de coordination entre l'activité des différents dicastères et offices. Il manque dans le gouvernement central de l'Église une véritable «*politique*» générale, dûment réfléchie et concertée en fonction des besoins du temps et sur la base d'informations vraiment universelles et rigoureusement contrôlées.
On se plaint en effet, et pas toujours à tort,: 1° que les informations fournies au Saint-Père par les organes de la Curie restent souvent fragmentaires et unilatérales, tandis que celles provenant des évêques résidentiels ou autres visiteurs demeurent occasionnelles et sans exploitation systématique; 2° que les directives du Pape subissent trop de retard dans leur exécution ou même restent lettre morte.
On déplore en conséquence, la carence d'*organismes centraux*, vraiment représentatifs de toute la catholicité qui, dans le respect intégral des droits de la primauté romaine, recevraient mission 1° d'élaborer, sous la direction immédiate du Saint-Père et en collaboration étroite avec lui, un véritable programme de gouvernement, et 2° de veiller à son exécution.

2° *Vieillissement des Institutions*

1. En général, *séparation insuffisamment nette* des pouvoirs législatifs, administratifs et judiciaires. Ceci est particulièrement vrai de plusieurs Congrégations, encombrées par le contentieux.

2. *Organisation trop complexe et trop peu rationnelle* du système général actuel des Congrégations et Offices (en raison des circonstances historiques de leur institution).
a) la *répartition des compétences* répond à des critères trop différents: tantôt objets, tantôt territoires, tantôt personnes.

De là, le manque de précision et de délimitation, les chevauchements et les conflits des compétences respectives. Un exemple: les Sacrements ressortissent au moins à six dicastères, outre la Congrégation ad hoc: Saint-Office, Rites, Propagande, Religieux, Orientale, Concile.
Également, les divergences, voire les oppositions dans la pratique administrative et la jurisprudence. Ex. Saint-Office et Sacrements, Saint-Office et Orientale, cf. l'histoire de la réforme liturgique.
b) la permanence d'*institutions surannées* qui ne répondent plus à leur destination primitive et se voient attribuer des secteurs convenant mieux à d'autres dicastères. Ex. la Congrégation du Concile, la Chambre Apostolique, la Daterie Apostolique.
c) les *interférences de la Secrétairerie d'État*, ou d'autres instances et *Commissions*, plus ou moins connues et plus ou moins stables (Comm. d'interprétation du Code, pour le droit oriental etc.), au statut pas nettement défini.
Instituées pour des buts précis, ces instances continuent de vivre et d'agir, même si ce n'est que par intermittences.
d) *coordination insuffisante* de ces divers organismes. Elle semble n'être réalisée que par l'appartenance simultanée d'un certain nombre de hauts prélats à plusieurs de ces organismes et de leurs contacts personnels. Il manque un organe de synthèse, ayant un statut bien précisé et stable, l'analogue d'un conseil des ministres.

N.B. On abuse parfois de la coutume de contourner l'obstacle. Au lieu d'adapter et de réformer les institutions existant ou de remplacer courageusement les personnes devenues inaptes, on crée de nouveaux rouages, qui finissent par doubler les premiers et accroître la confusion.

3° Les lacunes dans le fonctionnement des services

a) La plus notable est l'*insuffisance du dialogue* soit avec les évêques résidentiels et missionnaires, soit avec les personnes intéressées à la question débattue, soit au sein de plusieurs congrégations elles mêmes.
Au sein de plusieurs congrégations: les cardinaux membres, vivant à l'étranger, ne sont pratiquement pas consultés ou tenus au courant de la marche générale des affaires; on se demande dans quelle mesure les décisions graves sont préparées par une délibération en conseil, et conseil suffisamment représentatif de tous les courants légitimes dans l'Église; trop de consulteurs ne sont pas vraiment consultés ou n'ont pas l'occasion de discuter en commun les avis demandés.

b) les *abus de la loi du secret*, en soi évidemment nécessaire et bienfaisant. Par exemple, les demandeurs connaissent rarement avec exactitude qui est chargé de leur affaire, ou les attendus des décisions prises, ou les griefs qui ont été formulés contre eux.
Secret exagéré dans les relations entre congrégations elles-mêmes, qui ignorent leurs travaux ou même se les cachent dans le conflit des compétences.
c) la *lenteur exagérée*, qui ne vient pas seulement du souci d'éviter les solutions hâtives ou les réactions passionnelles. Ici, les exemples foisonnent. Un point particulièrement douloureux est le retard dans la solution des causes matrimoniales.
d) le *nombre encore exagéré* de facultés enlevées aux Évêques et réservées aux congrégations pour des choses d'intérêt mineur et le *souci de choses insignifiantes* (préséances, privilèges, distinctions honorifiques futiles). Il suffit de consulter la liste des indults ou des dernières pages des *A.A.S.*
e) l'emploi insuffisant des grandes langues internationales pour la correspondance avec l'extérieur.

4° *L'absence de contrôle des Congrégations et Offices*

Face aux erreurs, voire l'arbitraire et aux abus éventuels de toute administration, il n'y a guère dans l'Église, d'autres ressources que l'appel au Pape et l'intervention personnelle de celui-ci. Il manque une juridiction normale de recours (l'équivalent d'un Conseil d'État).

5° *De quelques Congrégations et Offices en particulier* (quelques notes)

a) Le *Saint-Office* (dont personne ne met en doute la nécessité) se confine trop exclusivement, au point de vue de la doctrine, dans son rôle de défense et de sauvegarde. On aimerait qu'il s'attache aussi à promouvoir positivement le progrès doctrinal. À cette fin, il serait infiniment souhaitable que ses officiers majeurs et consulteurs soient recrutés parmi toutes les écoles et tendances théologiques ayant existence légitime dans l'Église.
Un *aggiornamento* de sa procédure, tenant compte davantage des droits des personnes (surtout lorsqu'il s'agit de fidèles sincères cherchant eux aussi malgré leurs erreurs ou imprudences, le progrès de la vérité) et de la sensibilité contemporaine à ces droits, est unanimement désiré. Item pour la législation sur l'Index, qui semble ignorer le développement formidable et les conditions réelles de l'instruction parmi les masses, et qui devient inefficace parce que pratiquement inobservable.

b) Les compétences de la *Consistoriale* et du *Concile* ne recouvrent-elles pas souvent celle de la Secrétairerie d'État, des Affaires extraordinaires et d'autres Dicastères?
c) À l'*Orientale*, la participation active et l'influence réelle des hiérarques orientaux et des bons connaisseurs des choses orientales et de l'œcuménisme est vraiment insuffisante.
d) Pour les *Sacrements* et les *Rites*, un contact plus étroit et un dialogue systématique avec les responsables de l'action pastorale et missionnaire, arrangeraient bien des choses.
La procédure de Béatification et Canonisation devient bien vieillotte.
e) On se plaint de l'inflation et du particularisme croissant de la *Congrégation des religieux*.
Les taxes sur les emprunts sont vraiment trop élevées.
f) Pour la *Propagande*: les territoires où est instaurée la hiérarchie indigène ne devraient-ils pas rentrer progressivement dans le régime de droit commun?
g) *Séminaires et Universités*: c'est probablement la Congrégation qui est l'objet des critiques les plus profondes et les plus fréquentes. Ses perspectives sont trop dominées par les problèmes des Séminaires d'Italie. *Reverenter dico*: elle pourrait contribuer davantage au progrès des études dans l'Église. Ici encore, on regrette beaucoup l'absence de dialogue avec les grandes universités catholiques *extra Urbem*. Et la manque d'influence des représentants de ces universités au niveau des organes directeurs.
h) La *Daterie apostolique* a-t-elle encore bien sa raison d'être? Ne pourrait-on envisager la suppression de la réservation au Saint-Siège de pas mal de bénéfices mineurs? Les avantages retirés compensent-ils encore les multiples complications qui en résultent pour les diocèses?
i) Étant donné l'accroissement numérique des causes matrimoniales, le nombre des *Auditeurs de la Rote* est-il encore suffisant pour assurer la conclusion des affaires en des délais raisonnables? Ou bien ne faudrait-il pas songer à une certaine décentralisation? Item en ce qui concerne les consulteurs pour les causes «ratum non consummatum». Problème de la traduction et de l'impression des actes.
j) Enfin la *Secrétairerie d'État*.
Vu son importance majeure, ses liens personnels avec le Pape, l'étendue à la fois imprécise et illimitée de sa compétence, son rôle dans les nominations de curie, l'extension continuelle des affaires qu'elle connaît (ce que le Pape lui réserve directement et tout ce qui n'est pas du ressort précis d'aucun autre organisme), son activité diplomatique, ne pourrait-elle être réorganisée de façon plus rationnelle et internationalisée? (Cf. *infra*: propositions et suggestions).

6° *Le Personnel et son recrutement*

On regrette généralement, surtout pour le Personnel directeur:

1. son *internationalisation* insuffisante; de là l'inflexion trop italianisante des informations, points de vue, décisions et directives.
2. le nombre trop restreint et l'influence réduite de prélats ayant exercé des charges *pastorales et missionnaires* importantes, ayant donc été affrontés personnellement aux problèmes immédiats et urgents de l'évangélisation et de la vie. Le haut personnel est choisi surtout dans les cadres diplomatiques, administratifs et juridiques. De là une prédominance exagérée de ces points de vue sur les perspectives et les nécessités pastorales.
3. l'absence de *limite d'âge* et le recours trop fréquent encore du système de *transfert* de Congrégation à Congrégation; de là, l'accession ou la permanence aux postes-clés de personnes vieillies qui n'ont pas au début de leur entrée en fonction une compétence technique suffisante, ou bien qui n'ont plus la force de suivre les problèmes et de vraiment gouverner leur département.

Pour le personnel *subalterne*, on regrette que les influences personnelles jouent parfois au détriment de la compétence technique et de l'expérience administrative et pastorale.
Pour les *consulteurs*: le choix devait être étendu à des personnes ne séjournant pas à Rome et être plus efficacement représentatif de toutes les tendances légitimes dans l'Église.

7° *Exagération du protocole et du faste de la cour pontificale*

Au moins dans les milieux que je connais, on souhaite et on attend une sérieuse simplification (cf. Suggestions, 4.)

II. Propositions et Suggestions

1° *Institution d'un Conseil général consultatif de la Catholicité*

Dans le respect intégral bien entendu de la primauté de juridiction du Souverain Pontife, il serait hautement souhaitable que le pape veuille bien réunir autour de lui, à intervalles réguliers (une fois par an) un Conseil général consultatif de la Catholicité, une sorte de Sénat de l'Église. En feraient partie les Cardinaux et un certain nombre d'évêques résidentiels

choisis dans tout l'univers, les uns directement par le Pape, les autres sur proposition des conférences épiscopales. La durée du mandat, pour les Évêques, devait être limitée de façon à assurer un renouvellement périodique de l'assemblée. Sans excéder des limites raisonnables, le nombre des membres de ce conseil devait être tel qu'il représente vraiment toute l'Église.
La tâche de ce conseil serait de faciliter au Saint-Père une vue des problèmes vraiment pastorale à l'échelle mondiale, et de lui faciliter par la réflexion en commun avec les représentants du Collège épiscopal, l'élaboration d'un programme général de gouvernement (Cf. 2°, 1 *infra*).
Cette assemblée ne dispenserait pas évidemment du contact direct avec la base, soit par les visites *ad limina* des évêques, soit par des consultations et enquêtes, et éventuellement le concile général.
L'institution d'un tel conseil semble bien être désirée par la majorité du Concile Vatican II.

2° *L'exercice des pouvoirs*

Dans le cadre d'une nette séparation,

1. Le Pape (et le Concile œcuménique) exerce seul *le pouvoir législatif.*
Pour la préparation des lois, le Pape pourrait s'aider des délibérations du Conseil consultatif évoqué ci-dessus et de Commissions spéciales temporaires composés de représentants de l'Épiscopat résidentiel et de la Curie ainsi que d'experts choisis dans toute la catholicité.

2. la Curie est l'organe *Exécutif* et *Administratif.*

a) Pour assurer une exécution efficace du programme général de gouvernement dans la coordination et la collaboration de tous les rouages administratifs, il semble nécessaire d'instituer l'*équivalent* d'un *Conseil des ministres* dans les États modernes.
Ce conseil, composé du Secrétaire d'État et des Préfets des Congrégations et Offices majeurs auxquels seraient adjoints quelques cardinaux particulièrement compétents, devrait se réunir régulièrement en présence du Saint-Père. Il déciderait de la marche générale des affaires et surveillerait leur exécution. Il aurait aussi à préparer les instructions organiques générales nécessaires pour l'application des lois; pour cette dernière tâche, il faudrait trouver un moyen d'assurer le dialogue avec les Évêques résidentiels afin de faciliter la prééminence du point de vue pastoral.

b) Une *réorganisation générale* des Congrégations et Offices semble s'imposer, suivant les indications données dans la première partie de ce rapport. Cette réorganisation devrait prévoir et assurer une participation plus effective de personnalités marquantes de l'action pastorale et missionnaire, choisies dans tout l'univers catholique.
À cette fin il faudrait, à la tête de chaque Dicastère, un conseil vraiment international, chargé d'élaborer la politique générale de son département suivant les instructions du «Conseil des ministres». Ce conseil devrait se réunir au moins une fois l'an et chaque fois que des problèmes vraiment majeurs seraient posés (à l'exemple des Commissions post-conciliaires). Certains jugeront peut-être utopique cette proposition de convoquer régulièrement à Rome des Évêques résidentiels ou autres personnalités. Pourtant les moyens de communication modernes rendent la chose aisée. Et l'Église ne serait-elle pas capable d'accomplir ce que font si souvent les responsables du gouvernement des états temporels?

c) Dans la *Secrétairerie d'État*, il faudrait distinguer plus nettement, le Secrétariat d'État, proprement dit avec tous ses services; le Secrétariat personnel du Pape, équivalent au cabinet privé; et le Ministère des affaires étrangères, à caractère diplomatique avec son personnel spécialisé (Ce dernier devrait lui aussi être internationalisé davantage).

d) Institution de l'équivalent d'un *Conseil d'État*, recevant les recours contre les décisions administratives abusives. Cet organe serait habilité également à émettre des avis consultatifs sur la légalité des instructions émanant des pouvoirs administratifs.
Ce conseil, comme d'ailleurs les chambres s'occupant du contentieux administratif dans les Congrégations, devrait comprendre un nombre suffisant de membres pratiquant les grandes langues internationales. Cela éviterait les inconvénients des traductions et permettrait une information plus directe de la mentalité et des usages des demandeurs des différentes nations.

3. Pour accélérer l'examen, des *causes judiciaires*, on souhaite l'institution d'une *troisième instance* au siège des conférences épiscopales, ou, tout au moins, pour des groupes de régions. Ces instances devraient être présidées par un Auditeur de Rote, délégué pour chaque session par la Rote elle-même.
Ne pourrait-on confier aussi à ces instances régionales l'examen des causes «ratum non consummatum», demeurant sauf le droit d'appel à Rome directement? (Cf. ci-dessus: avantages de l'examen des dossiers dans la langue des intéressés).

3° *Le recrutement du personnel*

Il n'y a qu'à tirer les conclusions des réflexions critiques exposées: internationalisation, expérience pastorale ou missionnaire, limite d'âge.
L'*aggiornamento* suppose que Rome insiste auprès des diocèses pour que ceux-ci acceptent de laisser partir des personnalités de valeur.
De plus, il serait souhaitable que ces personnalités gardent un contact vivant et permanent avec leur pays d'origine. Ceci pose le problème de la durée des mandats et de l'équilibre difficile à établir entre deux exigences opposées: une durée d'une part suffisante 1° pour que les personnes désignées puissent acquérir l'expérience des affaires et profiter de cette expérience; 2° que ne soit pas compromise la stabilité de l'administration centrale; et d'autre part une durée trop longue afin de ne pas faire perdre le contact avec la mentalité, les problèmes et les besoins des pays d'origine.

Il est également hautement désirable que le personnel italien de la curie puisse avoir des contacts fréquents avec les pays étrangers (voyages, séjours etc.).

N.B. Les *Cardinaux*: si on devait entrer dans la voie indiquée par ces suggestions; il semble inévitable de revoir les principes des promotions cardinalices. Il vaudrait peut-être mieux également que les Préfets de Congrégation et Offices (ou de certains d'entre eux) ne soient plus choisis parmi le Sacré Collège. Celui-ci serait le noyau du Conseil consultatif général, et des cardinaux de Curie seraient appelés à faire partie du «Conseil des ministres».

4° *Mise en œuvre sérieuse de la simplification de la Cour pontificale*

Ne devrait-on pas éliminer progressivement les survivances du pouvoir temporel et ce qui, de l'héritage de la Renaissance et du Baroque, heurte la sensibilité de nos contemporains? La «cour» pontificale n'apparaît plus assez évangélique.
(Il est vraisemblable toutefois qu'en ce domaine, les jugements varieront avec les peuples et les niveaux de culture et de civilisation).
Il faudrait réagir fermement contre les abus dans l'octroi de distinctions honorifiques. Sans doute, les curies diocésaines devraient elles-mêmes adresser à Rome moins de demandes. Mais la Curie ne pourrait-elle les encourager fortement à plus de discrétion?

Index onomastique

Le nom de «Prignon Albert» ne se retrouve évidemment pas dans l'Index.